学校図書館の可能性

自ら考え、判断できる子どもを育てる

渡邊重夫

全国学校図書館協議会

はじめに

時代はいつも激動と隣り合わせです。そして、未来は確実に到来するが、誰もその有り様を正確には予測できません。特に近年は、国際社会の激変のなかで、多くのことが「予定調和的」でないことが常態にさえなりつつあります。

教育もまた同様です。グローバル化、少子高齢化、産業構造の変化などを背景に、正解のない社会、予測困難な社会のなかで、これまでの有り様が問われています。しかし同時に、その教育は新しい時代を創り出す可能性を内包した営為です。子どもが、教育を受けることにより、心豊かで、主体性に富んだ創造的な知性を有した人間として成長していくことは、いずこの国や社会にとっても、未来を創り出す大きな希望です。

そして学校図書館もまた、その未来の創造と深く関わっています。学校図書館は、人類が生んだ知的財産が凝縮された「知の宝庫（世界）」としての教育環境です。子どもはその「世界」にある「知」（書物など）と出会うことにより、自己を見つめ、他者を深く認識し、社会の仕組みや複雑さを知り、そして世界にも近づくことができるのです。その意味において、学校図書館は、子どもの未来の創造を通して、一国の未来をも創っていく可能性を有した教育環境です。

わが国も約七十年前、未曾有の激動の時代を経験しました。そして、次代を担う子どもに未来が託されました。その時、教育に求められたことは、「自ら考え、自ら判断できる」力を有した子どもの育成でした（文部省『新教育指針』一九四六年）。「批判的精神」を失った国民があの「無意味な戦争」を防ぐことが出来なかったとの反省の下、こうした力を有した子どもの育成を通して、わが国の民主主義の再生を期待したのです。そして、こうした考えに呼応するかのように、戦後の学校図書館形成期に大きな影響を与えた『学校図書館の手引』（文部省、一九四八年）には、「問題に対してただ一つの解決しか与えられなかった」教育から脱却し、「問題を解決するに役立つ資料を」学校図書館で見いだし「批判的精神」を培うことの重要性が指摘されていました。

歴史は同じようには繰り返さないけれども、歴史は現代を映す鏡です。それだけに、今一度、戦後教育の胎動期に、わが国教育が目指した方向性を学校図書館を媒介に振り返り、今日の教育の有り様を見つめ直すことは意義あることだと思います。

本書は、こうした問題意識を下に、今日の学校図書館が抱えている諸課題を概説しながら、学校図書館は、今日の困難な教育状況を変革する有力な視座としての地位を有していることを、四章に分けて論じました。

第一は、学校図書館の「不可欠」性と関わる点についてです。学校図書館は、学校教育において「欠くことのできない基礎的な設備」（学校図書館法第一条）として位置づけられました。なぜに「不可欠」なのでしょう。そのことを理解するには、学校図書館法の誕生にまで遡る必要があるように思います。

その学校図書館法は、子どもの「自発的学習」の啓発育成と深く関わり誕生しました。学校図書館法の提案理由（一九五三年）には、学校図書館の設置によって子どもの「自発的学習態度」が養成されると述べられています。そして、その六年前（一九四七年）に制定された教育基本法（旧）は、教育の方針として「自発的精神」の涵養（第二条）を規定していました。その自発性は、自主性、主体性と深く関連しています。学校図書館の「不可欠」性を、この「自発的学習」をキーワードに再検討してみると、そこには、教授・学習方法の転換、すなわち「知識や情報の記憶装置型教育」から「知識や情報の創造型教育」への転換が内在化されていることがわかります。この四十年余、教育改革論議のなかで論ぜられてきた教育の方向性は、すでにこの「不可欠」性のなかに包摂されていたように思います。それだけに、この問題は、今日の教育課題にも直結する視点でもあるように思います（第一章）。

第二は、近年教育界で大きなテーマとして登場してきた「アクティブ・ラーニング」と学校図書館との関連についてです。折しも今年（二〇一七年）、約十年振りに新しい学習指導要領が発表になりました。そのキーワードは「主体的・対話的で深い学び」です。それは、「何を教えるか」（知識の質や量）と同時に、「どのように学ぶか」（学びの質や深まり）を前面に打ち出した新たな教育への方向性です。

学校図書館は、戦後教育の胎内で生まれましたが、その学校図書館は出発のときから「どのように学ぶか」と深く関わってきました。いつの時代でも、新たな地平を築くには、既存の知識や情報を基本に、新たな情報を選び抜き、それを下に新たな情報を再生産するという「学び方の学び」を習得していることが肝要なことです。それだけに、学校教育において、長年にわたり「学び方の学び」と関わってきた学校図書館は、新学習指導要領を根底から支える教育環境として位置づけられると思います（第二章）。

第三は、学校図書館を「セーフティネット」として捉えることの重要性についてです。特にわが国では近年、経済的格差が社会問題となり、子どもの貧困も政治的課題に登場してきました。この経済格差の問題は、家庭を通じて子どもが「本」を手にすることを困難にさせかねません。しかし全国津々浦々、どの学校にも学校図書館は設置されています（学校図書館法第三条）。それだけに、学校図書館を通して子どもに本を届けることの重要性は旧来に増して大きくなっていると思います。

また同時に、学力も「読書」と密接不可分の関連にあります。「読書」が学力を根底において支えているのです。それは、学校図書館が「学び」のセーフティネットであることを意味しています。更に、教育基本法は「良識ある公民として必要な政治的教養は、教育上尊重されなければならない」（第十四条一項）と規定しています。そして、「民主主義の発展には、国民が思慮深く、英知あることが前提」で、「読書教育は、民主主義社会における学校教育の基本的な使命」なのです（全国学校図書館協議会「学校図書館憲章」）。十八歳選挙権が実現した今日、多様な情報に触れながらこの国の未来を考え、社会参加していくことが求められています。学校図書館は、多様な情報の提供を通じて、十八歳選挙権を支えていく必要があるように思います。社会参加を側面から支える「セーフティネット」としての学校図書館の役割です（第三章）。

第四は、図書委員会活動についてです。この活動も戦後教育の所産です。図書委員の自主性、主体性に基づくこの委員会活動は、子どもが集団の一員として異年齢のなかで、共に図書委員会という活動に参加することによって、自己の特性を高めながら、学校生活づくりに参画していく活動です。またその活動には、教育課程の展開とも関わった活動が含まれています。それだけに、こうした活動には、大きな教育的意義があります。図書委員会活動の意義を含めて、その具体的活動の有り様について論じました（第四章）。

本書は、小生にとっては十二冊目の単著になります。今回は、全国学校図書館協議会から出版されることになりました。同協議会には、小生が学校図書館研究を始めて以来、三十余年にわたりお世話になってきました。同協議会からの「宿題」（原稿依頼）に一つひとつ応えながら、小生の拙い研究が進んだように思います。それだけに、本書を同協議会から出版できることは大きな喜びです。森田盛行氏（前理事長）には拙書の出版をご決断下さり心より感謝申し上げます。また出版の労を直接取られた設楽敬一氏（理事長）には、迅速なご連絡、ご配慮をいただき安心してこの仕事をすることができました。更に、石井宗雄氏（元理事長）には、一地方の学校図書館学の研究者である小生に、長年にわたりご高配を賜りました。そのお心が今回の出版につながったのだと思います。変わらぬご厚情に心よりお礼を申し上げます。最後になりましたが、全国学校図書館協議会の岩崎弥太郎氏、敷地みどり氏、編集を手伝ってくださった、井上かほる氏、松井玉緒氏に、深くお礼を申し上げます。

「思い」を一文字にして、自己の外に表出することは、小生のような浅学非才な者にとっては「難事業」です。書き始めはしたが、最後の一文字に辿り着けるかの懸念を持ちながら、一文字を次の一文字へとつなぎ続けてきました。その結果、どうにか一冊の書を出版することができました。

その小生の研究・執筆をいつも励まして下さった山崎響氏。氏の励ましがなければこの書の執筆、出版も実現しませんでした。非力な小生に「書く気力」を与えてくださった山崎響氏に深甚なる感謝を捧げたいと思います。

二〇一七年七月一日

渡邊　重夫

目次

第一章

「不可欠」的存在としての学校図書館

―「自発的学習」をキーワードに

第一節 「学校教育において欠くことのできない」――「不可欠性」

一 学校教育法施行規則の制定――学校図書館の法的根拠

わが国の初等中等教育において、学校図書館が法的根拠を得て制度化されたのは戦後のことです。学校教育法施行規則第一条一項の規定（以下、施行規則）がそれで、次のように規定されています（注1）。

学校には、別に定める設置基準に従い、その学校の目的を実現するために必要な校地、校舎、校具、運動場、図書館又は図書室、保健室その他の設備を設けなければならない。

ここには､学校教育の目的を実現するための設備として「図書館又は図書室」が明示されており、この法規により学校図書館は、戦後教育において確かな一歩を築くことになりました。

その施行規則の制定は、戦後二年目の一九四七年五月二十三日です。今年（二〇一七年）で制定七十年目を迎えました。換言すれば、学校図書館の法的根拠が示されて七十年目ということになります。そしてまた、時を同じくして新生日本の方向性を指し示した日本国憲法が施行されましたが、その施行は施行規則が制定される二十日前の一九四七年五月三日です。そして、その日本国憲法と一体の教育法規として誕生した教育基本法（旧）の公布・施行は、同年の三月三十一日です。さらにその翌日（四月一日）には、教育基本法に基づき学校教育の制度内容を具現化した学校教育法も施行されました。日本国憲法―教育基本法―学校教育法―学校教育法施行規則、これらはみな一九四七年に施行されています。「図書館又は図書室」の設置を規定した施行規則が、憲法を中軸とする教育諸法規の一環として、同時期に制定されたことの意義は大きいと思います。

そして教育に関する制度は、それまでの教育関係立法が天皇の独立命令たる勅令により定める勅令主義に基づいていましたが、戦後はそれを改め、国民主権原則の下、憲法の理念と規定に基づき法律により定めるものとする法律主義に改められ、戦後の教育法制は一変することとなりました(注2)。

二　学校図書館法の制定―「不可欠性」

学校図書館に関する単独立法である学校図書館法は、施行規則が制定されてから六年目の一九五三年に制定されました。法制定時は三章十五カ条と附則から成っていましたが、その後数度の改正を経て、現在は八カ条と附則から成っています。

その第一条は、学校図書館の基本的性格について規定しています。「学校図書館が、学校教育において欠くことのできない基礎的な設備である」、いわゆる学校図書館の「不可欠性」の規定です。学校図書館を理解するには、何よりも先ず、この「不可欠性」に込められた意義を理解することが大切だと思います。この不可欠性の規定は、学校教育に関する諸法規のなかでも特異な規定です。あらゆる学校設備（施設）は、それなりに不可欠な位置づけを有し設けられていますが、そのなかでも学校図書館は、なぜことさら、法的担保を以って不可欠な設備（教育環境）として位置づけられたのでしょうか、それは単なる修辞語ではなく、その意味の深化が学校図書館を理解するのに「不可欠」であると思われます。

法的根拠を有した学校図書館は、戦後教育の所産です。それだけに、「不可欠性」の意義を理解するには、戦後教育と学校図書館とがどのように関わっていたのかを理解する必要があるように思います。それは「新教育の生命線」（注3）としての学校図書館、「新しい教育においては、きわめて重要な意義と役割とを持っている」（注4）学校図書館、こうした位置づけを与えられた学校図書館と戦後教育との関連です。

そこで本章では、学校図書館法に規定された「不可欠性」に込められた意義を、法制定までの学校図書館に関わる幾つかの文献を下に考えてみたいと思います。そこで浮かび上がってくるキーワードは「自発性」です。

三　「自発的精神」の涵養（教育基本法（旧）第二条）

(1) 教育改革の提言と自発性

高度経済成長の終焉後、様々な教育改革論が登場し、「次から次へ」と思うほど、新しい「子ども像」が提起されました。一九七六年の教育課程審議会最終答申のキーワードである「自ら考え正しく判断できる力を持つ児童生徒」像はその最初です。また、その約十年後（一九八九年）に出された学習指導要領の基本的なねらいは、「自ら学ぶ意欲と社会の変化に主体的に対応できる能力」を有した子どもの育成です。生涯学習が大きな社会的課題となりつつある時に出された学習指導要領で、「自ら学ぶ意欲」「主体的な対応能力」が強調されています。

そして、二十世紀最後の学習指導要領（一九九八年）では、「生きる力をはぐくむことを目指し（略）自ら学び自ら考える力の育成を図る」ことが目指されました。「生きる力」の初登場です。この「生きる力」は、この学習指導要領が出される一年前（一九九七年）の中央教育審議会第二次答申（「二十一世紀を展望した我が国の教育の在り方について」）での次の提言を受けたものです。「ゆとり」の提起と「生きる力」がセットで述べられています。

これからの教育の在り方を考えると、［ゆとり］の中で［生きる力］をはぐくむことを目指し、個性尊重という基本的な考え方に立って、一人一人の能力・適性に応じた教育を展開していくことが必要であると言うことができる。

更に今年（二〇一七年）、新学習指導要領が発表されました（三月三十一日）。「主体的・対話的で深い学び」の実現が、「質の高い学び」と関連づけ提起されています。「主体的・対話的で深い学び」は、「学びの在り方」の改革を通した新たな教育像で、それは同時に、そうした学び方を身に付けた子ども像の提起でもあります。

「次から次へ」と提起される子ども像は、それぞれの概念が生まれた時代的背景があり、個々には異なった概念です。しかし、これらの概念には同義反復的要素も多々見られます。たとえば近年の教育改革論議に頻出する「生きる力」は、「確かな学力」「豊かな人間性」「健康と体力」の三要素から構成されていますが、その内の、

①「確かな学力」は、「知識や技能はもちろんのこと、これに加えて、学ぶ意欲や自分で課題を見付け、自ら学び、主体的に判断し、行動し、よりよく問題解決する資質や能力等まで含めたもの」

②「豊かな人間性」は、「自らを律しつつ、他人とともに協調し、他人を思いやる心や感動する心など」

と捉えられています。その「共通語」は「自ら」（主体的）です。「自ら学び」「主体的に判断し」「自らを律し」、これらの言葉が場面を変えて同義反復的に登場しています。そして、それはまた当

然のことです。どんな改革の提言（子ども像）も、その「主体」としての子ども自身に内的変質（変化）が生じなければ、提言は絵空事に帰してしまいます。子ども「自ら」に働きかけ、子どもの内に変化（成長）を生み出すことが重要なのです。それは、子どもの内発的な要因、いわば「自発性」をいかに引き出し、主体的・自主的な子どもに育てていくかに関わることでもあります。

そもそも教育とは、「他人に対して意図的な働きかけを行うことによって、その人を望ましい方向へ変化させる」（『大辞林』第三版）営みです。その営みは、自然や社会、他者との触れ合い、情報・メディア、ありとあらゆるものを総動員して進められますが、その総動員を効果的にするには、人間が本来的に有している価値志向的精神、「学ぶ者」として生まれた人間の特質へ働きかけることが重要です。

多くの乳幼児は、教えられることなく独り立ちをするといいます。「立ちたい」、周り（親や兄姉など）を見回して「私も立ちたい」と思うのだと思います。学びは、本来的に人間が有している「自分をもっと高みに立たせたい」という価値志向性という特質を触発することにより一層の効果をあげるのだと思います。その触発が、いわば自発性への働きかけ、自発性の涵養です。

ルソー（J.J. Rousseau　一七一二～一七七八）が『エミール』で指摘したごとく、「生まれたときにわたしたちがもってなかったもので、大人になって必要となるものは、すべて教育によってあたえられる」（注5）、「わたしたちは生きはじめると同時に学びはじめる。わたしたちの教育はわたしたちとともにはじまる」のです（注6）。すなわち、人間は「学ぶ者」として生まれ、学ぶことによって人間を獲得していくのです。そして、その基底には、人間自らの成長・発達への強い思いが込められているのです。その出発点が「自発性」です。

(2) 教育基本法と自発性

教育基本法(旧、一九四七年)は、「日本国憲法の精神に則り、教育の目的を明示して、新しい日本の教育の基本を確立するため」(前文)に制定された法律で、憲法の精神と不離一体の文字通りの教育の「基本法」です。その教育基本法は、第一条で、教育の目的を掲げています。「教育は、人格の完成をめざし、平和的な国家及び社会の形成者として…」という規定で、その後半には、「自主的精神に充ちた心身ともに健康な国民の育成を期して行われなければならない」という文言が続きます。教育の「目的」の一つとして「自主的精神に充ちた」国民の育成が掲げられていました。

そして第二条は、こうした教育の目的を達成するための「方針」を定めていました。前段の「あらゆる機会に、あらゆる場所に」という文言に引き続き、後段で「学問の自由を尊重し、実際生活に即し、自発的精神を養い、自他の敬愛と協力によつて、文化の創造と発展に貢献するように努めなければならない」と規定していました。すなわち、第二条は教育の目的を達するための諸条件の一つとして「自発的精神を養う」ことを規定したのです(傍点は筆者)(注7)。

その「自発的精神」に関し、同法案が審議された際(一九四七年三月二十日)、貴族院教育基本法案特別委員会で、政府委員は「是は学校の生徒が上から、先生から物を授けられると云ふだけでなしに、生徒、児童が自発的に勉強して研究して行くと云ふ態度、精神を養ふと云ふ意味であります」と説明しています（注8）。教師からの教えにとどまらず、子どもが内発的動機をもって学んでいく、教育において、そうした態度や精神を養うことが重要であることを指摘しています。

四　「自発的学習の啓発育成」――学校図書館法の提案理由

そして学校図書館法もまた、子どもの「自発的学習」を支える教育環境として、学校図書館を位置づけていました。学校図書館法が提案されたとき、参議院文部委員会における提案理由の一節は、次のようになっています（一九五三年七月二十四日）（注9）。

> 学校教育におきましては、学校図書館が設置されますことにより、図書その他の教材教具が収集され、整理され、提供せられまして、その結果、児童生徒を指導いたします場合、著しく便宜が供せられ、学習指導の能率が高まり、自発的学習態度が養成せられ、以て個性の伸展と教養の向上に資すること極めて顕著なるものがあります（傍点は筆者）。

さらに、提案理由に続く補足説明（以下、「補足説明」）は、次のようになっています（注10）。

学校教育におきましては、先ず第一に、教育の指導理念が、児童生徒の個性を重んじ、その自発的学習の啓発育成にあることは申すまでもありません。この指導理念に従いますれば、又、指導方法におきましても、従来の画一的詰込式教授法によらずして、児童生徒の自発的学習形態がとられなければならぬことは、当然なことであります。このような指導理念や指導方法に応えて、児童生徒の自発的学習に必要な図書及びその他の資料を収集し、整備し、提供する設備たる学校図書館の設置は、当然必要不可欠なものと思料せられるのであります。換言すれば、学校図書館の設備なくしては、新教育の十分なる効果が期待し得ないとも、申されるのであります（傍点は筆者）。

学校図書館の設置によって、子どもの「自発的学習態度」が養成される、あるいは「自発的学習」の啓発育成に資するとの考えです。こうした提案理由を見ると、「自発的学習の啓発育成」は、教育基本法（旧）における「自発的精神」の涵養（第二条）に通じるものがあるように思います。

その教育基本法（旧）を解説したある文献（注11）では、「自発的精神」の涵養に関し、次のように述べています。

「自発的精神」の涵養とは、教育を学ぶ者（被教育者）が、単に受動的に教育を受けるのではなく、教える者（教育者）の指導を能動的に受けとめ、みずから進んで学問に対する情熱を高め、真理探究について思考する能力を養うことを意味する。

「教える者（教育者）の指導を能動的に受けとめ、みずから進んで」です。そして、この文言（「自発的精神」）が「教育の方針」に入った理由として、別のある文献は、次のように指摘しています（注12）。

それは「能動的に、みずから進んで学問をしたいという気持を起させるという意味」であり、戦前の「一方的な知識の注入」や「知識の切り売り教育」が、「理性の批判力と創造力の形成を妨げてきた」ことへの批判がこめられている（略）。

教育が「皇国民育成」と同義語となった教育は、教育基本法制定のわずか二年前のわが国教育の一般的な姿でした。そのなかで、「神が国土や山川草木を生んだとか、をろちの尾から剣が出たとか、神風が吹いて敵軍を滅ぼしたとかの神話や伝説が、あだ《ママ》かも歴史的事実であるかのやうに記されてゐたのに、生徒はそれを疑ふことなく、その真相やその意味をきはめようともしなかつた」（注13）のです。教授者から発せられた情報（教育内容）は、そのまま被教授者たる子どもに注入され、その情報を疑うことなく、批判することも許されなかったのです。こうした教育（「一方的な知識の注入」）が、「理性の批判力と創造力の形成を妨げてきた」のです。

こうした指摘は、学校図書館法を考える際に、とても示唆に富むものです。何故なら、「補足説明」には、既述のごとく「学校図書館の設備なくしては、新教育の十分なる効果が期待し得ない」と述べられていますが、その「新教育」が目指した子ども像は批判的精神に満ちた自主的・自立的な人間でした。

終戦の翌年（一九四六年五月）に、戦後教育の方向性を示した『新教育指針』（文部省、以下『指針』）という文書が出されましたが、そこでは生徒が「自ら考え自ら判断」し、自由な意思をもつことの重要性が指摘されていました。そして、かつての教育では、「教師は自分の思ふままに一定のかたにはめて生徒を教育し」、「生徒の個性を無視して画一的な教育を行」ない、その結果「生徒の一人々々の力が十分にのばされ」ず（注14）、こうした「弱点」が、「軍国主義者や極端な国家主義者に利用」され、戦争（敗戦）の原因になったとの分析です（注15）。人間性・人格・個性が尊重されないところに、「自発的精神」が発揮されることはないのです。こうしてみると、教育基本法（旧）と学校図書館法の精神は、「自発性」という概念を媒介に通低しているように思います。「通低」とは、「現象的には無関係に見える物事が、底流部分において共通するものを持っていること」（『新明解国語辞典』第六版）です。

学校図書館法制定運動の中心を担ったのは、全国学校図書館協議会（一九五〇年設立）ですが、その協議会が、学校図書館の設置等を求める請願（「学校図書館に関する請願」）を衆参両院の議長宛に提出しています（一九五二年三月十五日）。同法成立の一年前です。その請願理由に、次のような一節があります（注16）。

新憲法の精神にしたがい民主的な文化国家を育成する学校教育の中で学校図書館は最も重要な機関であり学校図書館なくして現代の教育は成立しません。

学校図書館が民主的な文化的国家の形成に深く関わっているとの指摘です。しかし、その民主的国家を支えていくには、「理性の批判力と創造力」、「自ら考え、自ら判断」できる批判的精神に満ちた国民が求められたのです。それゆえ「自発的精神」の涵養が求められ、そのためにも、学校図書館は不可欠な教育環境だったのです。

第二節 「自ら考え、自ら判断する」──自発的精神と関連し

一 自主的精神、そして個性の尊重

(1) 自発性の発揮と学校図書館

学校図書館は、戦後教育の胎内で誕生した教育環境で、その戦後教育は、子どもを批判的精神に満ちた自主的・自立的存在として育てたいとの思いのなかで誕生しました。特に「自主性」は、

戦後教育を特徴づける概念だと思います。

既述のごとく、教育基本法（旧）は、教育の目的として、「人格の完成をめざし」に引き続き、「自主的精神に充ちた」国民の育成を掲げていました。そして、その「自主的精神」の規定は、個人の価値の尊重と並んで規定されています。個人の尊厳と価値の認識は、「それを抑圧し否定してきた戦前の「国民教育」の長い歴史を振り返るとき、きわめて重い意味をもつ」ものだと思います（注17）。

そして、この個人の価値の尊重は、教育基本法（旧）の母体である憲法にも規定されています。「すべて国民は、個人として尊重される」（第十三条）との条文がそれです。そしてその意義について、日本国憲法の解説書としては、比較的早い時期に刊行された書には、次のように解説されています。二冊を紹介します。先ず一冊目です。憲法施行後直ちに設立された（一九四七年九月）東京大学憲法研究会の書です（注18）。

「個人として尊重される」とは、（略）個人それ自身に価値を認め、個人価値を一切の国家社会の生活の基本とする趣意である

もう一冊は、憲法解釈に大きな影響を与えた宮澤俊義（東京大学教授—当時）の書です（注19）。

「個人として尊重される」とは、個人主義の原理を表明したものである（略）。個人主義とは、人間社会における価値の根元が個人にあるとし、何にもまさって個人を尊重しようとする原理をいう。ここで個人とは、人間一般とか、人間性とかいう抽象的な人間ではなくて、具体的な生きた一人一人の人間をいう。

人間を「個人」として位置づけ、その個人（具体的に生きた一人一人の人間）の価値を認め、尊重しようとするこの憲法原理は、人権規定の中核をなす規定です。ですから、教育基本法（旧）の「自主的精神」は、こうした個人の尊厳とあわせて理解する必要があるように思います。すなわち自主的精神の尊重は、自由、平等などの人権を基盤にしており、日本国憲法が規定する人権条項なくして、「自主的精神に充ちた」国民の育成はあり得ないのです。

その「自主性」は、他者に依存・従属しないで、自らの意思（思考）によって、自らの行動を決していくという特性を有しています。「自分の主人公は自分である」ということです。そもそも「自」という漢字は、鼻のあたまをかたどった象形文字です。自分のことを身振り手振りで表わす際に、右手の人差し指を「はな」のあたまにつき立てて示すことから、やがて「自」が「自分」という意味を表わすようになったのだそうです（注20）。その「自」の意味するところは、漢字の成り立ち、語源・語義を解説した辞典によりますと、「人の指揮をまたず、自身にてするなり」と解説されています（注21）。

そして学校教育においては、その自主性を育てることは大きな教育課題です。既述の『指針』に述べられた「自ら考え自ら判断」する人間像は、「人の指揮をまたず、自身にてするなり」そのもので、「自主的精神に充ちた」(教育基本法(旧)第一条)人間像そのものです。

(2) 自発性と自主性

しかしその自主性は、自発性と深く関わっています。教育基本法(旧)も「自主的精神」(第一条)と「自発的精神」を併列し規定しています(第二条)。その自主性と自発性とはどのような関係にあるのでしょうか。その両者の関連を論じたある文献には、「自主性の出発点としての自発性」との表題の下、次のような解説がされています(注22)。

自主性の指導において一般に人が最初に注目するのは、自発性の側面である。それは、すくなくとも現象的には、自発性をとおして自主性が始まるのであり、また、自発性をとおさなければ自主性の具体的なすがたがあらわれようもないからであろう。

自主性は、自発性を「出発点」としているというのです。自分の内から湧き出ない一滴が、流水になり自然の摂理に従って大河になることはなく、自分の内から発しない行動が、自分を振い立たせることがないのは当然です。「自分を変える力をもった一粒は、やがて一〇〇〇粒の種子となる。自分から登っていく一歩は、やがて一〇〇〇メートルの高さとなる」（むのたけじ）のです（注23）。自発性が次の行動を大きく規定し、自主的精神に満ちた子どもを生み育てる土壌となるのです。

ですから、学校図書館法の提案理由（「補足説明」）にいう「自発的学習」は、自主的、自立的な子どもを育てるための「出発点」になると解することができます。そして、その自発的学習を培うための「当然必要不可欠」な（「補足説明」）教育装置として、学校図書館が位置づけられたのです。戦後教育が目指した「主体的・自主的」（「自ら考え、自ら判断」する）人間像の育成は、学校図書館機能の発揮によって培われる「自発的学習」を内在化していると考えられるのです。

二　『新教育指針』（一九四六年）と学校図書館

既述のごとく、終戦の翌年に文部省が出した『新教育指針』（注24）は、「新しい日本の教育が、何を目あてとし、どのやうな点に重きをおき、それをどういふ方法で実行すべきかについて、教育者の手びきとするために」（はしがき）作成された文書です。戦後の価値観の大転換のなかで、教育の目当てを失いかけた教員に対して、新たな方向性を指し示した重要な文書です。

その文書は二部から構成されていますが、その第一部（前ぺん）の題は「新日本建設の根本問題」で、その第一章（「序論―日本の現状と国民の反省」）の第二は、「どうしてこのやうな状態になつたのか」と戦争の原因を分析した項目になっています。その原因の第一は「日本はまだ十分に新しくなりきれず、旧いものがのこつてゐる」、第二は「日本国民は人間性・人格・個性を十分に尊重しない」です。そして三番目に「日本国民はひはん的精神にとぼしく権威にもう従しやすい」との原因が上げられており、次のように記されています(注25)。

政府は、憲法に保障されてゐるにもかかはらず、言論や思想の自由その他人間の大切な権利を無視して、秘密警察や、ごうもんを用ひ、国民は政治をひはんする力を失ひ、「お上」の命令には文句なしにしたがふやうになつた。(略)このやうな態度があつたればこそ、無意味な戦争の起るのを防ぐことができず、また戦争が起つても政府と国民との真の協力並びに国民全体の団結ができなかつたのである。

思想・言論統制、その具体化としてのメディア統制、さらには教育統制です。そしてその法的措置としての治安維持法を始めとする弾圧立法、さらにはその法制を担保した特別高等警察(特高)。そうした法と制度が国民の批判的精神を失わせ、国家権力の恣意的な為政を許したとの指摘です。そしてこの文章は、更に次のようにつづきます(注26)。

(それゆえ…筆者注)教育においても、教師が教へるところに生徒が無ひはん的にしたがふのではなく、生徒が自ら考へ自ら判断し、自由な意思をもつて自ら真実と信ずる道を進むやうにしつけることが大切である。このやうにしてはじめて、（略）「民主主義のてつ底」も「公民教育の振興」もできるのである。

更に、戦争の原因を分析した第四番目には「日本国民は合理的精神にとぼしく科学的水準が低い」と記されています。その例として、既述した「神風」「をろち」の事例が挙げられており、更に次のような一節もあります（注27）。

天皇を現人神《あらひとがみ》として他の国々の元首よりもすぐれたものと信じ、日本民族は神の生んだ特別な民族と考へ、（略）そしてつひには「八紘為宇《はっこうゐう》」といふ美しい言葉のもとに、日本の支配を他の諸国民の上にも及ぼさうとしたのである。

昨日まで、神勅天皇制の下、「神風」を教え、「をろち」を教え（注28）、「八紘為宇」（八紘一宇）を教え、子どもの疑問や批判を封印してきた教師は、戦後の新しい教育にどのように向かったらよいのか、大きな逡巡を抱えていたと思います。敗戦一ヵ月後の九月には、「新日本建設ノ教育方針」が出されました。国体の護持を掲げつつも、軍国的思想および施策の払拭、平和国家の建設、国民の教養の向上、科学的思考力の涵養、平和愛好の信念の養成などを教育の重点とする新たな方針が提起されました。「これから、自分はどうしたらよいのだろう」、多くの教員にとっては苦悩に満ちた日々だったと思います。

そうしたこともあり、敗戦の四カ月後に開催された帝国議会衆議院予算委員会（一九四五年十二月十日）では、その点についての質疑がされています（注29）。ある議員が、文部大臣に対し、「最も苦痛を感じたのが教育者達であつたのであります、それが新しい時代の教育に変らなければならぬのでありますが、此の転換期に於ける教育者の信念、態度と云ふやうなものは、どう云ふ工合に持つて行くべきであるか、（略）文部当局の御方針を伺ひたい」と質問しています。それに対して、文部大臣（前田多門）は、次のように答弁しています。

学校の先生が持つて居られる悩みに付きましては、私も洵《まこと》に同情を禁じ得ないのみか、私自信《ママ》も亦《また》衷心実に苦しむ所もあるのであります（略）、八月十五日以後新時代に転換致した、そして判断の基礎と致して居つた事実が誤れることがはつきり致しました今日（略）、新しい民主主義、自由主義、国際平和主義で進むと云ふことは、是はもう当然のことであらうと思ひます（ルビは筆者）

戦後の教師の困惑が帝国議会でも論議の対象となっていたことを伺い知ることができます。

それだけに『指針』は、教師に対してこれからの歩むべき道標になったと思います。そして、「自ら考え、自ら判断」できるような子どもたちを育てるべきとのこの指針は、それぞれの教師に、新たな子ども像を構築する必要性を迫ったことと思います。

しかし、自主的・自立的精神に満ちた子どもは、人間的尊厳が保障されるなかでしか育ちません。精神が権力に絡めとられ、あるいは身体が拘束されるなかでは、自主性も自立性も育ちません。そして、自主性の出発点である自発性それ自体も発揮のされようがないのです。そもそも自発性の中心は自ら進んで考え、行動することですから、自発性もまた、精神的自由、身体的自由が保障されるなかでこそ発揮されるのです。ですから、「補足説明」にいうように「自発的学習」は、教師が「自分の思ふままに一定のかたにはめて生徒を教育し（略）、生徒の個性を無視して画一的な教育を行ふ」(注30)なかでは実現できません。学びの場における人権の確保が「自発的学習」を啓発育成していく基盤なのです。

既述した『指針』は、人間性の尊重、平等の人格の尊重、個性の尊重を掲げていました。ここには、自発性が発揮される土壌がうたわれています。人間性、平等、個性、これらのことばを目にするにつけ、そこには、その一年後に施行された日本国憲法の人権条項の基本が示されているように思います。その日本国憲法は、次のように規定しています。

- 「すべて国民は、個人として尊重される」（第十三条）
- 「すべて国民は、法の下に平等であつて、（略）差別されない」（第十四条）

そして、その日本国憲法と一体の教育法規である教育基本法（旧、第一条）には、既述のように、人格の完成、個人の価値の尊重などが、「教育の目的」の具体的内容として規定されていました。『指針』が示した人間像には、教育基本法（旧）が規定する「教育の目的」の原型が記されていたと思います。そして『指針』と教育基本法（旧）は、「独自に検討されながらも、戦後の新しい教育施策の基盤、つまり学問と研究の自由に支えられながら、画一的・詰め込み的ではない学校教育の指針を提出」していたのです（注31）。

三　情報の自由な流れと自主性

「ひはん的精神にとぼしく権威にもう従しやすい」と言われた国民は、既述のように治安維持法のような言論弾圧体制の強化、更には国定教科書に代表される情報の画一化による教育統制により生み出されたものです。そして、両者（思想・言論弾圧体制と教育統制）は「一体的関連性」を持ちながら、国民教化、国民思想善導に道を開いていきました。ですから「自ら考え、自ら判断」できる子どもを育てるには、思想・言論の自由が確保されると同時に、国定教科書などによる画一的価値観からの脱却が必要になるわけです。それだけに『指針』は、日本国憲法の制定に先立ち、その人権規定を先取りする形で出されたものといえます。

そして『指針』は、軍国主義とその人権とは背離関係にあることも述べています。たとえば、「軍国主義とはどういふことであるか」との題の下、「軍国主義の国家の特色」を五点述べていますが、その四番目に「軍国主義の国家においては、文化が戦争を目的として統制せられ、言論・思想があつぱくせられる」と記されています(注32)。また「極端な国家主義とはどういうことであるか」を論じた箇所では、「極端な国家主義は国民に高ぶつた心持をいだかせ、国際親善を害する」とも記しています(注33)。弾圧と善導は一体だったのです。戦争の目的のために、あらゆる国力が動員された(国民精神総動員(一九三七年))のです。そして、その動員に際しては、善導が弾圧を正当化させる手段となったのです。為政に疑問を持たせない教育、疑問が逮捕・拷問と直結する教育、そうしたなかで、軍国主義が助長されていったのです。

戦前戦後の激動の時代を一族の運命とともに描いた加賀乙彦の長編小説に『炎都』という作品があります。そこには、敗戦後復員した息子と父親との間の会話が記されています(注34)。日本の敗戦を予期していた息子は、父親に対して、ソ連参戦、原爆投下、沖縄玉砕、レイテ、サイパン……の玉砕、そうした事例を挙げて、「あの時、おとうさん、日本は勝つと本気で思っていたの?」と聞き質します。それに対して父親は、

「(略)皇軍の勝利に疑問を、(略)一言でも漏らしたらすぐ特高や憲兵に引っ張られて大変なことになったのが、日本人の生活だった。おそらく多くの大人が疑問を覚えながらも黙っていた……」

それに対して、息子は次のように思いのたけをぶつけます。

「黙っていたんじゃないよ」(略)「大人たちは自分では疑問を覚えながら、子供たちには疑問を持つなと教えたんだ」

そして、父親は「まあな……」と弱々しく言い、「そういう場合もあったかも知れん」と弁解します。

疑問を持つことが許されなかった、いや疑問を持たないように「善導」と「弾圧」が繰り返されたのです。そうしたことを思うにつけ、『指針』の指摘の鋭さを思わずにはいられません。それだけに、戦後教育の子ども像として、「自ら考え、自ら判断」できる子どもの育成を求めたことはすごいことだと思います。それは、何が正しいのか、何が善なのか、そうしたことを自らが判断できるということでもあります。「神風」も「をろち」もその実相を自らが判断できるようになることです。

そのためには、情報の自由な流れとその情報の自由な入手が保障されなければなりません。表現の自由、知る権利の保障です。さらに同時に、自己の思想形成の自主性、自立性が保障されなければなりません。思想・良心の自由の保障です。特に戦前においては、「内面の思想そのものまでも統制しようとした(略)過去の苦い経験」(注35)があるわが国においては、思想・良心の自由は重要な人権規定です。一人ひとりの精神は各人固有のものであり、国家に絡めとられることも国家によって強制されることもないということです。

そして、「自ら考え、自ら判断」できる子どもを育成するには、学校社会のなかでも多様な情報の入手が保障されることが肝要です。換言すれば、学校には多様な資料が整備され、子どもの利用に供されるということが必要になってくるわけです。子どもは、それらの資料を読み比べ見比べしながら、何が正しいかを自らが決していく、そうした教育観が求められるのです。そうした教育観には、当然にも資料の宝庫としての「学校図書館」の存在が不可欠的教育環境として内在化されています。戦後五年目（一九五〇年）に文部省が発表した「日本における教育改革の進展」という文書に、次のような記述があります（注36）。

> 戦前の小学校の教授法は一言で言えば、文部省著作の教師用書に忠実に従い、全国画一的な、もっぱら教師が教え授けることを中心にした、動きの少ない教授法であり、児童は、ただそれについて行き、うのみにする傾向が強かった。

「補足説明」にも登場する「画一的詰込式」教授法からの脱却です。そして、更に次のように述べています（注37）。

> 教科書中心の古い学校教育の中では、学校図書館は、単に課外読み物の提供場所にすぎなかったが、より広範な図書資料の活用を必要とする新しい教育にあっては、学校図書館こそは、カリキュラムを豊かにする中心機関である。

その年（一九五〇年）に、第二次米国教育使節団報告書が出されました。その一節に、学校図書館は「学校の心臓部」との記述がありました（注38）。学校図書館は「カリキュラムを豊かにする中心機関」「学校の心臓部」。自主的、自立的な子どもを育成するために不可欠な教育環境としての学校図書館像です。

同年（一九五〇年）結成された全国学校図書館協議会は、同時に機関誌『学校図書館』を創刊しましたが、その創刊号に、文部省初等中等教育局長は、次のような祝辞を寄せています（注39）。

> 学校図書館はしばしば学校の心臓だといわれる。まことに、新しい教育の目的を理解し、またその教育課程や指導法について理解するものは、新しい学校経営において学校図書館が、学校生活に必要なあらゆる資料や情報を提供するための中枢的機関でありまたこれらの諸資料を使いこなしうるようになるための研究室であることを認めざるを得ないのである（傍点は筆者）。

四　『学校図書館の手引』（一九四八年）

子どもが「自ら考え、自ら判断」できるようになるためには、学校図書館が不可欠です。そうした教育観をさらに具体化したのが『指針』の二年後（一九四八年）に出された『学校図書館の手引』（以下、『手引』）という文献です。新しい時代に向けて学校図書館の重要性を文部省自らが示した文書で、「日本の学校図書館の歴史は、この書の公刊とともに、国民のものとなった」（注40）、「戦後初期の日本において、学校図書館の理論形成および実践にもっとも大きな影響を与えたと考えられる」（注41）文献です。「まえがき」に掲載されている多数（二十人）の編集委員を見るにつけ、この書は、教育行政、図書館界、図書館研究者、学校図書館関係者などの総力によって編集されたことを伺い知ることができます（注42）。戦前、学校図書館の存在が意識になかった多くの教員にとっては、この文書は、学校図書館の重要性を認識する始めての文書だったと思います。全国学校図書館協議会編集部は、その『手引』の意義について、後日次のように述べています（注43）。

全国各地の教育者は、ここで始めて「学校図書館」なる名称を知り、「学校図書館」の目的を知り、「学校図書館」の新教育における位置を知ったのである。

その『手引』には、冒頭に「新教育における学校図書館の意義と役割」という部分があります。

私は、この部分を何度か読み返すことがありますが、その都度戦後教育の出発点において、学校図書館がこのような位置づけを有し論ぜられていたことに深い感慨を覚えることがあります。その冒頭の一部を紹介します。

先ず戦前の教育を、「教科書の学習に全力が注がれ、したがって、課外の読書や個人的な調査が軽んぜられ、そのための時間もほとんど与えられなかった」と分析しています。しかし学校図書館は、「新しい教育の計画の中では、必要欠くべからざる重要な位置を占めている」と、学校図書館の重要性を指摘しています（注44）。こうした認識は、その後の学校図書館法第一条の「学校図書館が、学校教育において欠くことのできない基礎的な設備である」との規定、いわゆる「不可欠性」の規定へとつながっていったように思います。

こうした認識の下に作成された『手引』は、新教育における学校図書館の役割を九点掲げています（注45）。その一番目は「学校図書館は、生徒の個性を伸張して行く上に役立つ」です。それは、『指針』が戦後教育における大切な価値として、人間性、人格と並んで「個性の完成」（個性の尊重）をあげていたことと符号するものです（注46）。そして、それは既述のように、教育基本法（旧、前文、第一条）の規定とも、憲法第十三条の「個人の尊重」とも合致するものです。この頃（戦後）使用されていた中学・高校の社会科の教科書（『民主主義』）には、次のように記されていました（注47）。

民主主義を単なる政治のやり方だと思うのは、まちがいである。民主主義の根本は、もっと深いところにある。それは、みんなの心の中にある。すべての人間を個人として尊厳な価値を持つものとして取り扱おうとする心、それが民主主義の根本精神である。

そして二番目は、「学校図書館は、多くの方面や活動において生徒の興味を刺激し、豊かにする」であり、三番目は「学校図書館の利用によって、（略）批判的判断や理解の態度を養って行く」、四番目は「学校図書館は、自由な活動の手段を与える」です。そして、六番目に次のような注目すべき意義が述べられています。

学校図書館の蔵書は、生徒の持つ問題に対していろいろの考え方や答を提供する。――かりに、教室の学習において、教師から一つの問題に対してただ一つの解決しか与えられないとするならば、生徒は自分自身でものごとを考えることを学ばないであろう。生徒たちにとってたいせつなことは、問題を理解するに役立つ材料を学校図書館で見いだし、これを最も有効に使い、自分で解決を考え出して行くことである。このようにして、かれらは、批判的にものを解決する態度を養うであろう。

この指摘は、三番目の「批判的判断や理解の態度を養って行く」ことに連動する指摘です。すでに論じたごとく、戦前の教育は、「教師から一つの問題に対してただ一つの解決しか与えられない」教育だったわけです。単一的価値観の資料（国定教科書）が、そうした教育を担保しました。ですから、今後大切なことは「問題を理解するに役立つ材料を学校図書館で見いだ」すことなのです。そのことは、当然にも学校図書館資料の多様性を意味しています。そして「個性の尊重」を実現するためにも、資料の多様性は必然なのです。個性とは「個」性です。既述した『指針』は、個性尊重を記した箇所で、「人間は一人々々ちがつてをり、（略）各人は他の人と取りかへることのできないねうちをもつてゐる（略）その性質を個性と呼ぶ」と記していました（注48）。学校図書館が、そうした「個」性に対応するには、「個」に応じた資料が不可欠なのです。そして、個々の子どもは、それらの資料を読み比べ見比べしながら、「自分で解決を考え出して行く」のです。

しかし戦前、「問題に対してただ一つの解決しか与えられ」なかったのは、子どもだけではなかったと思います。教員もまた同じく「問題に対してただ一つの解決しか与えられ」ない状況下にありました。ですからこの意義は、教員個々人に対しても向けられたものでもあったのです。「皇国民」育成教育のなかでは、教員もまた、自分で解決し自身でものごとを考えることができず、考えることも許されなかったのです。

太平洋戦争が始まる一年前の一九四〇年に起きた「北海道綴方教育連盟事件」がそのことを端的に物語っています（注49）。戦時体制下の一九四〇年十一月二十一日と翌一九四一年一月十日の二度にわたり、子どもに「日々の生活をありのまま表現しよう」と綴方教育を実践していた北海道各地の小学校教師等約六十人に対し、治安維持法違反の嫌疑で、大がかりな家宅捜査と検挙が行われ、この内十二人が起訴された事件です。この事件の弁護を担当したのは、後に初代の民選札幌市長になる高田富與です(注50)。その高田が自らの生涯を語った著書である『なぎさのあしあと』に、「私の弁護士生活のうちで、最も力を注ぎ、最も苦心した案件」としてこの事件のことが記されています。そして、「奇怪と言うも愚かなりと言わざるを得ない」「知性が曇らされた時代の所産と言い得る」事件であったと回顧しています(注51)。「北海道綴方教育連盟事件」が起きた直後の一九四一年四月より、小学校は国民学校令により「国民学校」となり、戦時体制への即応と皇国民の育成が目指されました。「批判的精神」が発揮される余地は全くなくなっていきました。そして、その八カ月後、わが国は太平洋戦争へ突入することになったのです。

『手引』に記された学校図書館の意義を、こうした歴史と重ね合わせてみると、よくわかります。一つひとつのことばの背後には、必ずそのことばを生み出す「世界」があるわけですが、法律に規定された一見無味乾燥なことばの背後にもそのことばを生み出した世界が潜んでいます。それだけに、その潜んでいる世界を読み解くことは、その法律に命を与えるものだと思います。「学校教育において欠くことのできない」(学校図書館法第一条)という文言を、こうした歴史を重ね合わせて、読み解いてみることも大切なことだと思います。それは、学校図書館が「学校教育に不可欠な」教育環境だということをあらためて理解できる大きな契機でもあるように思います。

第三節　自発性の涵養と学校図書館

一　「学校図書館基準」（一九四九年）――「自発的活動の場としての学校図書館」

「自ら考へ自ら判断」（『指針』）できる、「自分で解決を考え出して行く」（『手引』）子どもの育成、すなわち、自主性、自立性に富んだ子どもの育成と関連し、話を再び「自発性」に戻したいと思います。

『手引』が出された同じ年（一九四八年）に、文部大臣の諮問機関として「学校図書館協議会」が設置されました。既述した学校教育法施行規則は、「図書館又は図書室」を「別に定める設置基準に従い」設けると規定しています。そのため、文部大臣から「学校図書館の充実、活用を図る方策如何」との諮問が出され、その審議のために設置された組織が学校図書館協議会です。そして一年間の審議を経て文部大臣に「答申」を出しました（一九四九年）。「学校図書館基準」と呼ばれます（以下、「基準」）（注52）。その「基準」には、四点の基本原則が述べられていますが、その第一は次のようになっています。

学校図書館は学校教育の目的にしたがい、児童生徒のあらゆる学習活動の中心となり、これに必要な資料を提供し、その自発的活動の場とならなければならない。

既述のように学校図書館法の提案理由に「自発的学習」ということばが登場していますが、それに先立つこと四年前に、「基準」は学校図書館を児童生徒の「自発的活動の場」と位置づけていました。

そして、この「自発的」ということばは、その「基準」を解説した文献のなかにも、重要な用語として登場します。『学校図書館基準―解説と運営―』という文献です（一九五〇年）。そのなかで、「学校図書館の設置およびその利用は、わが国の学校教育の革新の重要な要因と考えられる」と述べた後、この基本原則が次のように解説されています（注53）。

学校図書館を設置しないで、いわゆる新教育を行おうとしてもそれは不可能である。（略）児童生徒の自発的活動を文字どおり生かした新しい教育を行うには、どうしても学校図書館が必要である。この意味で学校教育法施行規則の第一条（略）を理解しなければならない。

「児童生徒の自発的活動を文字どおり生かした新しい教育を行うには、どうしても学校図書館が必要である」と解説されています。教育基本法（旧）に教育の方針として「自発的精神」の涵養が規定された二年後です。それだけに、この「自発的活動」という考え方は、その後、学校図書館を不可欠的教育環境とする大きな根拠となっていったように思います。

学校図書館法制定の二年前（一九五一年）に、『手引』の作成にも関わった阪本一郎（東京第一師範学校教授、以下の引用文の際の肩書きは東京学芸大学教授）は、ある講演（全国学校図書館協議会第二回全国大会）で、「何故われわれは新しい学校に図書館を必要とするのか、これが問題であります」と問いかけ、次のように述べています（注54）。

まづ第一に一番中心の答になりますのは、子供達に自発的な学習をさせるためであるということであります。今までは教科書中心の教育をやつて来たし、教師中心の教育をやつてきました。こうした教科書中心や教師中心の仕方をやめて、乗り換えて、子供達に生徒に自分から進んで資料を探しださせる、自分から進んで問題を取りあげ、その問題を自分の力で解決して行くという風ないわゆる自発的な学習、自発的な自己教育、それをやらせて行くのが新しい学校の行き方であり、又、新しい教育の中心になつている問題であります。ここに学校図書館が必要となつて来た訳であります。

「自発的な学習、自発的な自己教育」、そのために、学校図書館が必要不可欠だとの考えです。もちろん、こうした「自発性」の重要性を指摘する背後には、既述したように戦前の教育への深い反省があります。阪本は、別の論文で、戦前の教育について、次のように述べています（注55）。

教育形態も、「随順帰一」に置かれた。すなわち教師の教えるところは絶対であって、その一人に無条件で従わなければならないという形が強調された。しかも教師の教えるところは、国定の教科書と、その教師用書とにきびしく限定されていた。このような事態では、学校で、国定教科書以外の図書を読むなどということは許されるはずがなかった。

こうした教育にあっては、自発的に学習することは考えられないことでした。「国体の精華を明らかにし、国民精神を涵養し、皇国の使命を自覚せしめる」（注56）ことが求められ、それに反する教育内容に「異」を唱えることは許されず、精神（思考）は、その時点で停止状態を余儀なくされました。しかも停止だとの認識がないままに。そのことに気が付くのは、「皇国民教育」から解放された戦後のことです。

学校図書館法公布の五カ月前（一九五三年三月）に出された全国学校図書館協議会の機関誌『学校図書館』では、「学校図書館法の制定をめざして」という特集を組み、その冒頭で「われわれは何を世論に訴えようとしているのか」という問いを発し、次のようにその「回答」を述べています。

学校図書館が、学校教育の心臓だと言われるわけは、図書館なしには、十分な教育効果が期待できないからである。
すなわち、児童生徒の個性を重んじ、その自発的学習を重視する現代の学校教育においては、何をさしおいても、その自発的学習に必要な研究資料を豊富にあたえてやらなければならない。彼等の**自発的学習に必要な資料を収集整備し、提供するのが、学校図書館の重要な使命である。**（ゴシックは原文通り、筆者注）（注57）。

学校図書館法制定運動は、学校図書館費の公費支弁、司書教諭等の配置・法制化などを求めるものでしたが（注58）、その根底には、子どもの「自発的学習」を支えるという考えがありました。それが、法制定時の提案理由（自発的学習態度の養成）につながっていったのです。

こうした文献を見ると、「自発性」は、学校図書館を理解するためのキーワードであることがわかります。その「自発的学習」を行うには、当然にも、子どもが自ら課題を解決していく、そのために自分で情報を探し出し回答を見つけ出す、こうした学習方法を実現するための教育環境として学校図書館の存在が不可欠となるのです。

学校図書館は、子どもの「自発性」と深く関わり、「学校教育において欠くことのできない基礎的な設備」（学校図書館法第一条）として誕生しました。その「基礎」ということばには、「それを前提として事物全体が成り立つような、もとい」（『広辞苑』第六版）、「ある物事を成り立たせる、大もとの部分。もとい」（『大辞泉』第二版）という意味があります。また『広辞苑』には、「不可欠」

ということばの用例に「不可欠条件」が載っており、その語義が「事象が成り立つためになくてはならない条件。必須的制約」と記されています。

これらのことばを学校図書館法第一条に合わせてみると、「事物全体」「事業」は学校教育そのものです。そしてそれが「成り立つ」ための「もとい」が学校図書館です。学校図書館を欠いては、学校教育という「事象」それ自体が成り立たない、学校図書館法第一条はそのような意義を有していると解釈することができるのです。その「要」のことばが「自発性」（自発的学習）です。

二　自発性と学校図書館

子どもが「自発的な学習」をするには、その条件整備としての学校図書館が必要です。その自発性について、学校図書館と関連しつつ、さらに論じたいと思います。その自発性について、ある教育事典（注59）には、次のような解説がされています。

> 自発性は、その人の内心から発する欲求や情動をのびのびと発現させていくことによって発揮されるものであり、具体的なあらわれ方はその人の欲求や興味の在り方と深くかかわっている。

自発性は、その人の「欲求や情動」の発現により発揮されるという指摘です。しかし、その「欲求や情動」は、固定的不変的なものではありません。ある種の要因、働きかけにより変化をきたすものです。事典も指摘している通り、自発性の具体的なあらわれ方は、各人の「欲求や興味」の在り方と深く関わっています。そして、その興味は、子どもの発達段階により可変的ですから、その興味の変化により、自発性の発露も可変的です。

また心理学的に「欲求」とは、「人間が内外の刺激の影響を受けて行動を駆り立てられる過程（動機づけ）を表す言葉の一つで、行動を発現させる内的状態をいう」と説明されています（注60）が、その行動を発現させる要因も可変的です。要因が変化することにより、欲求は大きくなり小さくなりもします。成長・発達の個体としての子どもは、なおさらです。

教育基本法（旧）は「教育の方針」のなかで、「自発的精神を養い」と述べています。自発的精神の涵養です。その涵養とは「自然に水がしみこむように徐々に養い育てること」（『広辞苑』第六版）です。「自発的精神」も「徐々に養い育てる」（涵養する）ことによって、その子どもの内心に変化を与えるのです。教育は、そうした「涵養」の中心軸を形成するもので、そうした涵養が契機となって、次の「欲求や情動」を形成していくのです。

三　「問と答の一直線」

このことを、学校教育に即していうなら、先ずは学び方（教授法）の有り様が問われなければなりません。それは、何よりも「画一的詰込式教授法」から「児童生徒の自発的学習形態」への転換です（学校図書館法提案理由「補足説明」）。「知識・情報の注入型」教育にあっては、「問」は常に教える側から発せられ、「答」も常に教える側から提示されるという学習そのままです。こうした学習方式においては、「問」（問題）は常に解くものとして存在し、「答」（解答）はそれに対する正か否かの判断基準としての意味をもつことになるのです。いわば、問が子どもの学びの出発点ではなく、教授者の教授の始点として位置づけられ、答は学びの終点として教授者から提示されるのです。すなわち、問も答も教授者の手のなかにあるのです。そのプロセスのなかでは、「試行錯誤」「あれこれ」することは捨象されがちとなるのです。「問と答の一直線」型教育です。

その「問と答の一直線」について、大田堯（東京大学助教授―当時）は、次のような指摘をしていました。今から約半世紀前（一九六三年）の指摘です（注61）。

> 学校図書館を不可欠のものとするような教育の文脈と、いわゆる詰め込み学校の教育の文脈との本質的なちがいは、いいなおすと、どう教え、どう学ぶかというせんじつめたものとしては、どういう点にちがいがあるのかということを、問いつめてみるということが大切であ

る。わたしは、このけじめの一つを、「問い」と「答え」との距離ということでとらえてみたい。一般に詰め込み学校では、この距離が、近頃のことばでいえばインスタントでまに合わされ、埋められる。（略）問いと答えとの間の必然性、つまりその間に当然展開されねばならない多様で創造的な知的作業の過程を無視して、せいぜい暗記の機能を働かすことで、直線的に、安直に埋めてしまうという傾向が支配的である（略）。それに対して、学校図書館を本質的に必要とする教育の文脈の中では、問いから答えが引き出される過程の中で、事物関係がシンボル化され、シンボルとシンボルとの間の合理的秩序をとらえる知的作業が、生徒の頭の中で創造的に働くばあいなのである（傍点は原文）。

「問いから答えが引き出される過程」の重視です。その過程で「知的作業」が「創造的に」働くというのです。その過程で興味・関心・疑問などが生じ、その都度「なぜ?」へ向かって「生徒の頭の中」は働くのです。自発性の発現です。その自発性を出発点として、自主的、主体的な学びへと向かっていくのです。そして学校図書館が、その自発性の涵養を媒介し、疑問や興味の解決を資料とサービスによって支援するのです。

また授業は基本的には集団として行われますが、この集団の間で学習課題に対する相互協力、あるいは疑問や共感を媒介とした相互の意見交流などの営みがあれば、そうした営みのなかから学習意欲も促進され、自発性の涵養にもつながります。しかし、「問と答の一直線」型教育においては、相互の疑問や共感は捨象され、子ども個々人の欲求や情動は後景に追いやられがちになるのです。

今年（二〇一七年）発表になった新学習指導要領のキーワードは「どのように学ぶか」と関わった「主体的・対話的で深い学び」です。学びが、個々的な営みではなく、構成員（子ども、教授者など）間において、「対話的」（「協働的」）で「深い学び」が実践されるなら、自発性も涵養され、それが主体的学習へと連動し、更に対話的で深い学びを生み出すことにつながります。「学び方」という教授方法の転換が自発性を培っていくことに連動するのです。

また「やる気」は自発性の源泉で、その「やる気」は興味・関心と深く結びついています。「やる気」の「気」という文字は、「气」（きがまえ）という部首に囲まれて、なかにカタカナの「メ」という字を書きますが、旧字体では、この「メ」という部分には「米」という文字（氣）が当てられていました。その「氣」は、「万物成長の根元力。身体の根元となる活動力」を意味しているのだそうです（注62）。それだけに、「気」という文字は、「やる気」と連なり、それがひいては、人間を独り立ちさせる、いわば自立させることと深く関連している文字なのです。「やる気」はとても大切です。蒸気のように沸き上がるほうふつとした気持ち、それは「自発性」でもあるのです。しかし「問と答の一直線」型教育では、個々の子どもの興味・関心は埒外に置かれ、「やる気」は後景に追いやられがちとなるのです。

また、子どもの生活体験、社会体験（いわば経験）は、自発性の涵養と深く関わっています。ある調査（注63）によりますと、「就学前から中学校時代までの読書活動と体験活動の両方が多い高校生・中学生ほど、現在の意識・能力が高い」という結果が出ています。体験活動には自然体験、友だちとの遊び、家族行事、動植物との関わり、地域活動などが入っています。そして、「意識・能力」には、自尊感情、共生感、規範意識、人間関係能力などと並んで、意欲・関心、自己啓発、充実感、将来展望などが項目として挙げられています。その意欲・関心の具体例として、「なんでも最後までやり遂げたい」「わからないことはそのままにしないで調べたい」「経験したことのないことには何でもチャレンジしてみたい」との項目が並んでいます。また自己啓発の具体例として「自分の能力を発揮するために学習や能力開発に取り組みたい」「人生設計や生き方に役立つ情報を、積極的に収集している」との項目が並んでいます。読書活動そして体験活動は、子どもの意識・能力の向上と深く結びついており、特に、意欲・関心、自己啓発と一体なのです。すなわち自発性は、こうした読書活動、体験活動を子どもに根づかせることによっても生み出されるのです。「涵養」の具体的方法の一つです。

四　自発性と学習指導要領

自発性の涵養は、教育においては極めて重要なことです。ですから、学習指導要領においても、自発性はこれまでも、つとに指摘されてきました。

戦後最初の学習指導要領は、戦後二年目（一九四七年）に出されました。「自発的精神」の涵養を規定した教育基本法（旧）の制定と同年同月です。この学習指導要領では、自発性が極めて重要な教育課題として提起され、次のように記されています(注64)。

児童や青年が積極的な活動を起す動力になる学ぼうとする意欲（略）、この意欲は興味と関係し、そこに自発性が現れて来るのである。この自発性は、単に目的を自分のものとして学習を出発させる動力になるばかりでなく、学習のはじめから終りまで、学習進行の動力として、極めてたいせつな意味を持っている。

「学ぼうとする意欲は興味と関連し、そこに自発性が現れる」、そして、その自発性は、「学習のはじめから終りまで、学習進行の動力」であると、学習における自発性の重要性について述べています。こうした認識の下に、学習の指導法を考える場合の重要な視点として自発性について記述し、そのための教育環境として何よりも重要なものは教師であることが指摘されています。いわば「自発性の涵養」に資する教師の役割です。その他に教具や設備、施設が挙げられ、そして、好奇心を満足させる活動については「児童図書室」が例示されています(注65)。

こうした学習指導要領における自発性の重要性は、現行の学習指導要領にも引継がれています。現行学習指導要領（小学校）には、総則編の「第四　指導計画の作成等に当たって配慮すべき事項」

の一つとして、次のように記述されています。

各教科等の指導に当たっては、体験的な学習や基礎的・基本的な知識及び技能を活用した問題解決的な学習を重視するとともに、児童の興味・関心を生かし、自主的、自発的な学習が促されるよう工夫すること。

「自発的な学習」が、児童の「興味・関心」と結びつけ論ぜられ、「問題解決的な学習」の重視が指摘されています。体験的な学習、問題解決的な学習、児童生徒の興味・関心を重視した学習、こうした様々な学習方法を工夫しつつ、子どもの学びの質的変化を醸成することは、自発性を生み出す大きな要素です。そして、それは、生涯学習の基盤形成と関わり、「思考力、判断力、表現力その他の能力をはぐくみ、主体的に学習に取り組む態度を養うこと」（学校教育法第三十条二項、中学校第四十九条、高等学校第六十二条に準用規定）にもつながることなのです。

教育基本法（旧）の「教育の方針」に規定された「自発的精神」について解説したある文献には、自発性の涵養と教育の関連について、次のように記されています（注66）。

教育は、教える者と学ぶ者との間の単なる知識の受け売りであってはならない。学ぶ者の自発性を養うことは、教える者と学ぶ者とを結びつける絆となり、教育を最も効果的にする源となる。また、自発性は、教育によって啓発され、発展せしめられるものである。その意味では、自発性は、教育を創造的な営みに高める基本原理であるといえよう。

また別の解説書には、次のように記されています(注67)。

真に学問の名に値いする学問研究がつねに内に自発的精神を秘めているように、すべての学習活動に自発的精神をはぐくむ指導がともなわなければならない。学ぶ者の自発的精神は教える者の指導を排除するものではなく、逆にそれは教える者の指導との緊張関係をつうじてのみ、十全にひきだされ、高められるものであるといえよう。そして、自発性がないところに創造性はなく、創造性を欠いた教育のいとなみは、いかにしても文化の創造と発展に貢献することはできない。

自発性は、「教育によって啓発され、発展せしめられる」、「すべての学習活動に自発的精神をはぐくむ指導がともなわなければならない」。こうした指摘は、とても重要です。「自ら進んで考え、行動する」こと(自発性)自体が、教育的作用によって増幅され、その自発性が、教育を「創造的な営みに高める基本原理」となるというのです。教育における「自発的学習」の重要性です。自発性は「所与」のものであるだけでなく、教育によって涵養されるのです。それが出発点となり、子どもの自主的・主体的態度が育成され、「自ら考え自ら判断」（『指針』）できる子どもを育てることにつながるのです。それだけに、学校図書館法が提案された際に「補足説明」で述べられた「自発的学習の啓発育成」に資する学校図書館の役割は、極めて重要なのです。

五　自発的学習と学校図書館の利用

改めて、学校図書館と「自発的学習」の関連を論じたいと思います。既述したごとく、自発性の具体的なあらわれ方は、各人の「欲求や興味」の在り方と深く関わっています。そして、その欲求や興味は、子どもの生活経験や発達段階により可変的であり、またその欲求や興味は、外からの働きかけにより変化します。自発性は本来備わっている特性であると同時に、「涵養」（旧教育基本法第二条）により生み出されるものです。学校図書館法の提案理由を引用するなら、学校図書館が設置されることにより、「自発的学習態度が養成」されるのです。

しかし、学校図書館が「自発的学習態度」を養成するといっても、学校図書館の設置それ自体によって、子どもの「自発的学習」が自動的に生み出されるわけではありません。「自発的学習」は、学校図書館の有り様と深く関わっています。

私は、大学で司書教諭や司書の資格取得を目指す学生に講義をしています。そうした学生に、小中高校時代の学校図書館の利用体験を聞くことがあります。「どうでしたか?」と。その体験は、出身学校により、また個々人により千差万別です。そしてその体験は、出身学校の①学校図書館資料の有り様、②図書館担当者の配置のされ方、③学校図書館と授業との結び、④図書館担当者の学校図書館に関する認識度などの要因と大きく関わっています。その違いが「自発的学習」の有り様にも大きく関連してきます。

学校図書館法は、その第四条（「学校図書館の運営」）に、図書館資料の収集・提供、図書館資料の分類排列・目録整備などの事項とならんで、「図書館資料の利用その他学校図書館の利用に関し、児童又は生徒に対し指導を行うこと」（第四号）と規定しています。この規定は、学校図書館を通じて「自発的学習」を促すための学校図書館の指導的事項です。「指導」（涵養）によって、自発的学習態度はより豊かになっていくのです。

こうした指導の必要性は、既述の『手引』のなかでも指摘されていました。『手引』は、「新しい学習形態においては、生徒が教科書以外のいろいろの図書を調べ、さらに図書館などもできるだけ活用して行くようにならなければならないのであるから、そのためには、図書および図書館利用法の一般について、相当の指導が必要となって来る」と述べています。そして、その具体的指導事項として、図書館の機能と利用、分類および図書の排列、カード目録、辞書および百科事典（いわゆる参考図書）などが列挙されていました（注68）。学校図書館法制定以前に、学校図書館や資料の利用法について、その重要性が指摘されていたのです。

こうした図書および図書館利用法に関する指導は、その頃「図書館教育」と称されていました。

学校図書館法が制定される一年前（一九五二年）に、すでに『図書館教育』（注69）というタイトルの文献が出版されています。その文献には、図書館教育（library instruction）とは、「児童生徒に、いかにして図書を活用するか、いかにして図書館を利用するかを指導」する教育と意義づけられています。そして、図書館教育の「領域」として、次の二点が述べられています。

① 図書と図書館の利用法で、その意味において図書館教育は、学習の基礎能力を発達させる道具教材としての位置を占める。

② 図書館教育の場は、すべての学校教育の場にわたる。それは教育課程のすべての学習活動に関連する。

そして、こうした指導によって得られる「性能」として、理解、態度、技能の三点が挙げられ、その内の「態度」とは、「図書および図書館に対する要求・興味を高め、積極的にこれを利用する心構えを体得すること」となっています。「要求・興味」を高め、積極的にこれを利用する心構えを体得する、いわば自発性を涵養することと結びつけ意義づけられています。

こうした指導は、その後「利用指導」と称され、現在はその内容も大きく変化しながら、「学び方の指導」と称されるようになっています。この「学び方の指導」の具体的な内容については、第二章で改めて論じたいと思います。

六　「不確実」な時代を乗り越えて

既述のように、教育課程の展開に際し、「自主的、自発的な学習が促されるよう工夫する」ことは、現行学習指導要領（総則）の定めるところでもあります。

しかし今日、子どもがその自発性を発揮することは、そう容易ではありません。所与の条件が、予定調和的には進み難いのが今日の社会です。「今日よりも明日、明日よりも明後日」を夢見ることは、多くの人には当然の予見ではなくなっています。そうした状況を反映して、近年の教育改革の枕ことばは「不確実な社会」です。グローバル化、少子高齢化、地域間格差、日本型雇用環境の変容、産業構造の変化、人間関係の希薄化などは、今日の社会の日常的な特質です。そうしたなか、「想定外の事態に遭遇」したときの問題解決能力の必要性を指摘したのは、二〇一二年の中央教育審議会答申(注70)です。また、新学習指導要領の改訂に向けて出された文部科学大臣の「諮問」（二〇一四年）(注71)も、同様の要件を述べながら「厳しい挑戦の時代」「現在とは様変わりする」社会の到来を描いています。あるいは近年、「人口減少社会」の到来も重要な課題として論ぜられています。「五十年後の日本、八八〇八万人」との記事が載りました(注72)。国立社会保障・人口問題研究所が、今年（二〇一七年）四月十日に公表した数字です。超高齢化社会のなかで、将来をどのように描いていくかはわが国の重要課題で、それは取りも直さず教育課題でもあります。それだけに、所与の知識の獲得ではなく、自ら学ぶという「主体的な学び」が特に重要になってくるのです。

そうした時代認識は、未来を洞察したときの共通認識なのかもしれません。二十世紀末葉（一九九七年）に出された中央教育審議会答申（注73）も、国際化、情報化、科学技術の発展、さらには高齢化・少子化などといった急速な変化に直面し、わが国は「先行き不透明な厳しい時代を迎えることとなる」と指摘していました。「不確実性」の時代の到来の指摘です。未来は確実に到来するが、誰もその有り様を正確に予測できないのは、いつの時代でもそうです。子どもから大人に至るまで、携帯可能な「tool」（スマートフォン）を駆使して、指一本で（極端な表現ですが）情報を入手できる社会の到来を十数年前に、どれだけの人が予測できたでしょうか。

それゆえに、改めて「人間」の可能性を見つめ直すことも大切なのではないでしょうか。ルソーは『エミール』（注74）で、「わたしたちは弱い者として生まれる。（略）生まれたときにわたしたちがもってなかったもので、大人になって必要となるものは、すべて教育によってあたえられる」と指摘しています。誕生直後のあの弱々しい新生児の様子を見て、どの親も、喜びとともに「無事に成長してほしい」と願わずにはいられません。しかし、その弱々しさは次第に逞しさへと変化していきます。それが人間の持つ可塑性であり、発達可能体としての人間の特質であると思います。自分で立とう、自分で歩こうとするその意思を、親や地域が支え、そして学校が支える、「人間の教育」です。あの弱々しい子どもを逞しい存在へと変えていく、それは人間の手（教育）によるものです。

不確実性の時代を乗り越え、切り拓くのも、結局はその時代を生きる人間の力です。その人間は、不確実な社会に柔軟に対応していく可塑性を有しています。そうした可塑性を一層確実なものにするためにも、多様な価値観を容認し、自主的、主体的な人間となるように個々の子どもの成長・発達を社会が支えていくことが必要です。そうした先に、不確実性を受け止め、克服していく新たな可能性が生まれるのです。

そして、更に思うことは、あの弱々しい乳幼児が、自主性、自立性に富んだ存在になるのは、その内に自分を変化させ、未来へと導く内的要因があるからだと思います。「自発性」です。自発性は、その内的要因をバネとして自己を高みへと変質（導く）させる「バネ」なのです。自発性を出発点として、可塑性に富んだ人間は、更なる成長を遂げるのです。這うことも、立つことも、歩くことも、その意思をもたなければ実現しません。自分の内に、行動へ向かう誘発性がなければ、一歩たりともその場を移動することはできません。それが外圧ではなく、自らの内から出たときの人間の行動と知の豊かさにはすごいものがあると思います。「自分で歩こう」として歩くときの足の軽さ、「自分で立とう」とするときの立つことの嬉しさ。「自分の内に原因」をもって行動するとき、不確実な未来は確実に自分の手に近づいてくるのです。「切り拓く」ということは、その先に「光」の存在を信じているからです。「自分の内」に不確実な時代を生き抜こうとする要因があるから、次の時代の扉を開くことができるのです。そのために、教育の力には計り知れないものがあります。ルソーは、教育は三通り（自然、人間、事物）によって与えられるが、「人間の教育だけがほんとうにわたしたちの手ににぎられている」（注75）と言います。

その教育的営為の一つに学校図書館が根づいていくことが大切です。特に「学び」は、情報の獲得と不可分ですから、どのようにして情報を入手するかは、どのように学ぶかとも深く関わっています。そして、「学び」は試行錯誤を繰り返すものです。ときには、頭だけではなく自らの身体や五感を使って、一つのことを学んでいく営みでもあります。その営みを学校図書館が支えていけたらと思います。

本来、「学び」というのは、インスタントな営みではないと思います。紙媒体を駆使して何度も頁をめくり、読み比べ見比べしながら、迂遠なようですが体のなかを通って情報を獲得していくあの情報検索行為のように、「あれこれ」考え、「あちこち」回り道をし、失敗と発見を何度も繰り返しつつ一つの峠に辿り着き、そして次の峠を目指す営みと似ています。その営みの途上で、学校図書館が子どもの自発性を育て、そして自主的、自立的な子どもを育てていくことになるのだと思います。学校図書館が、子どもの「学び」と「育ち」を支える教育環境になることを願わずにはいられません。

注

1　現在の学校教育法施行規則第一条一項では「別に定める設置基準に従い」の箇所が削除されている。また、この施行規則は、学校教育法第三条（「学校を設置しようとする者は、学校の種類に応じ、文部科学大臣の定める設備、編制その他に関する設置基準に従い、これを設置しなければならない」）を受けている。なお、同条の「文部科学大臣」は、一九四七年の同法制定時は「監督庁」であったが、一九九九年の法改正により改められた。また、法制定時の学校教育法それ自体のなかに、学校図書館の設置と深く関わる規定がある。第二十一条二項である。同項は「前項の教科用図書以外の図書その他の教材で、有益適切なものは、これを使用することができる」と規定している（中学校は第四十条、高等学校は第五十一条に準用規定）。この規定は、教科書以外の資料（補助教材）を学校教育において使用することを認めた点において、単一的教材観（国定教科書など）から脱却している。そのことは、学校図書館の必要性を内在化しているといえる。なおこの規定は、現在は学校教育法第三十四条（中学校は第四十九条、高等学校は六十二条に準用規定）となっている。

2　鈴木勲編著『逐条学校教育法　第八次改訂版』二〇一六年　学陽書房　五〜六頁

3　松尾彌太郎「学校図書館運動の推移」『学校図書館法による学校図書館の設備と運営』小学館　一九五三年　三〇頁

4　文部省『学校図書館の手引』師範学校教科書　一九四八年　まえがき

5　ルソー著、今野一雄訳『エミール（上）』岩波書店　一九六二年　二四頁

6　同書　三二頁

7 しかし、現行の教育基本法（二〇〇六年十二月二十二日全部改正）では、この「自主的精神に充ちた」（第一条）、「自発的精神を養う」（第二条）という文言はなくなっている。現行教育基本法は、第二条の「教育の目標」のなかで、「自主及び自律の精神を養う」（二号）という文言になっている。

8 第九十二回帝国議会貴族院「教育基本法案特別委員会議事速記録第二号」（一九四七年三月二十日）（政府委員は辻田力）「帝国議会会議録検索システム」（http://teikokugikai-i.ndl.go.jp/SENTAKU/kizokuin/092/0390/main.html）[参照2017.2.3]

9 第十六回国会参議院「文部委員会会議録第十二号」（一九五三年七月二十四日）（提案者は参議院議員・町村金五）「国会会議録検索システム」（http://kokkai.ndl.go.jp/SENTAKU/sangiin/016/0804/01607240804012.pdf））[参照2017.2.3]

10 第十六回国会参議院「文部委員会会議録第十二号」（一九五三年七月二十四日）（補足説明者は衆議院議員・大西正道）「国会会議録検索システム」（http://kokkai.ndl.go.jp/SENTAKU/sangiin/016/0804/01607240804012.pdf）[参照2017.2.3]

11 『基本法コンメンタール　教育関係法』（別冊法学セミナー）日本評論社　一九九二年　二六頁（執筆は野上修市）

12 山住正巳、堀尾輝久『教育理念』（戦後日本の教育改革第二巻）東京大学出版会　一九七六年　三六三～三六四頁

13 『新教育指針』（『戦後教育改革構想Ⅰ期二』日本現代教育基本文献叢書（日本図書センター二〇〇〇年に所収）　七頁（また、国立国会図書館デジタルコレクション『新教育指針』を参考にした）

14　同書　六頁
15　同書　六頁
16　「学校図書館に関する請願」『学校図書館』第二九号　一九五三年　全国学校図書館協議会　一八～一九頁
17　前掲『基本法コンメンタール　教育関係法』一七頁（執筆は三上明彦）
18　法学協会『註解日本國憲法』上　有斐閣　一九四八年　一五六頁
19　宮澤俊義『日本國憲法』（法律学体系　コンメンタール篇一）日本評論新社　一九五五年　一九八頁
20　阿辻哲次『部首のはなし　漢字を解剖する』中央公論新社　二〇〇四年　九八頁
21　『字源』増補　角川書店　一九五五年　一五八七頁
22　大浦猛『特別教育課程の基礎理論』明治図書出版　一九六八年　二七〇頁
23　むのたけじ『詞集たいまつI』評論社　一九八二年　三五頁
24　『新教育指針』は、当時わが国を占領していた占領軍の「指導」を受けつつ、石山脩平（東京文理科大学教授、文部省教科書局教材研究課長—当時）を中心に執筆、編集された。その経過については、読売新聞戦後史班『教育のあゆみ』（読売新聞社　一九八二年　一三五～一五〇頁）に「教師への手引き」の章題の下に詳述されている。
25　前掲『新教育指針』七頁
26　同書　七頁
27　同書　八頁
28　「をろち」の話は、国定教科書の一つであった『尋常小學國史上巻』（日本書籍　一九三五（昭和十）年発行）の「第一　天照大神」のなかで、「三種の神器」の一つである「天叢雲劒」の説明とともに載っている（一～六頁）。

29　第八十九回帝国議会「衆議院予算委員会議事（速記）第八回」（一九四五年十二月十日）（http://teikokugikai-i.ndl.go.jp/SENTAKU/syugiin/089/0080/main.html）［参照2017.2.3］（また、帝国議会会議録データベースシステム本文表示を参考にした）

30　前掲『新教育指針』六頁

31　三石初雄「敗戦直後の科学教育政策と教育基本法」日本科学者会議教育基本法と科学教育研究委員会編『教育基本法と科学教育　子どもと教育基本法を守るために』創風社　二〇〇四年　七九頁

32　前掲『新教育指針』一一頁

33　同書　一四頁

34　加賀乙彦『炎都』下巻　新潮社　一九九六年　一九八～一九九頁

35　佐藤幸治『憲法』新版（現代法律学講座五）青林書院　一九九〇年　四三〇頁

36　文部省「日本における教育改革の進展」『文部時報』第八八〇号（臨時特集号）帝国地方教育行政学会　一九五一年　八頁

37　同書　一五頁

38　「第二次米国教育使節団報告書」は、細谷俊夫他編『教育学大事典』第六巻（第一法規一九七八年）に所収。「学校の心臓部」の部分は教材センターとの関連で登場している。「教材センターとしての学校図書館は、生徒を援助し指導する司書を置いて、学校の心臓部となるべきである」（二〇二頁）との記述である。

39　辻田力「『学校図書館』の創刊を祝う」『学校図書館』創刊号　一九五〇年　全国学校図書館協議会　一〇頁
40　深川恒喜「『学校図書館の手引き』編集の前後」『学校図書館』第二一〇号　全国学校図書館協議会　一九六八年　四九頁
41　中村百合子「『学校図書館の手引』にみる戦後初期の学校図書館論の形成」『日本図書館情報学会誌』第五一巻三号　日本図書館情報学会　二〇〇五年　一〇五頁
42　編集委員の中には、『新教育指針』編集の中心となった石山脩平もいる。しかし、前掲「『学校図書館の手引』にみる戦後初期の学校図書館論の形成」によると、執筆の「中心」は五名であった「可能性が高い」と記されている（一〇六頁）。深川恒喜（文部事務官、文部省教科書局勤務）、阪本一郎（東京第一師範学校教授）などである。なお肩書きは、『手引』の「まえがき」に記載されているものである。
43　編集部「学校図書館運動の展望」『学校図書館』創刊号、全国学校図書館協議会　一九五〇年五七頁
44　前掲『学校図書館の手引』　三頁
45　前掲『学校図書館の手引』　三〜五頁
46　前掲『新教育指針』　二六〜二七頁
47　文部省著、西田亮介編『民主主義』幻冬舎　二〇一六年　六頁
48　前掲『新教育指針』二六頁。さらに同書は、個性と関連し「これからの教育は、各人の個性を完成することを第一の目標としなければならない。それは正しい意味での個人主義である。軍国主義者や極端な国家主義者は、個人主義を利己主義と混同して、全体主義の立場から個人主

義を非難し、個性をおさへゆがめたのである」と述べている（二七頁）。

49 「北海道綴方教育連盟事件」については、佐竹直子『獄中メモは問う—作文教育が罪にされた時代—』（北海道新聞社　二〇一四年）に詳述されている。

50 高田富與（一八九二〜一九七六）は、一九四七年に初代民選札幌市長に当選、以後三期十二年を務めた。その後、衆議院議員を二期務めて政界を引退した。

51 高田富與『なぎさのあしあと』柏葉書院　一九七〇年　一四七頁　一四九頁　一五三頁

52 「学校図書館基準」は、全国学校図書館協議会『学校図書館五〇年史』編集委員会編『学校図書館五〇年史』（全国学校図書館協議会　二〇〇四年　五一一〜五一四頁）に所収

53 全国学校図書館協議会編『学校図書館基準—解説と運営—』時事通信社　一九五〇年　五頁

54 阪本一郎「学校図書館の処女地」『学校図書館』第九号　全国学校図書館協議会　一九五一年　一〇頁。なお、戦後の学校図書館の基礎形成に大きな役割を果たした深川恒喜は、「学校図書館の理念—学校図書館はなぜつくらなければならないか」という論考のなかで、「個性伸張」「自律自主」の重要性を指摘した後に、次のように述べている。一九五四年の指摘である。「自主性自律性や判断力を可能にするものは、思考であり、思索であるが、今日の児童生徒の学習態度をみると、とりわけ「深く考える」という態度が乏しいといわれる。むやみに書き写して、理解することも考えることもなくこれを教師に提出したり、発表したりすることが多いともいわれるが、このような底の浅い学習生活は、将来の国民性の形成の上に、あるいは、大きい欠陥を生じることになるかも知れないことをおそれなくてはならない。そこで深く考える経験をもたせるために、すぐれた書物と対座する時間を持たせることは、この意味からも重要である」と述べている。『学校図書館』第四一号　全国学校図書館協議会

一九五四年　一〇頁

55 阪本一郎「学校図書館の本質と理想—教育における意味と目的」『学校図書館法による学校図書館の設備と運営』小学館　一九五三年　二四頁

56 文部省編『初等科国語七　教師用』文部省　一九四三年　七～八頁

57 「学校図書館法の制定をめざして」『学校図書館』第二九号　全国学校図書館協議会　一九五三年　九頁

58 学校図書館法制定運動は、(a)学校図書館費用を公費でまかなうこと、(b)専任司書教諭と専任事務職員を配置すること、(c)司書教諭制度を法制化すること、などを内容としていた。全国学校図書館協議会は、そのために請願書署名運動を展開し、約九十二万五千人の署名を集め、その署名は一九五三年に、衆参両院議長などに提出された。法案は、この署名を背景に超党派の議員立法として上程され、同年に可決され（衆議院七月二十一日、参議院七月二十九日）、八月八日に公布された。

59 安彦忠彦他編『新版　現代学校教育大事典』ぎょうせい　二〇〇二年　三二三頁（執筆は山口満）

60 中島義明他編『心理学辞典』有斐閣　一九九九年　八六八頁（執筆は安藤清志）

61 大田堯「現代の学校と学校図書館」『学校図書館』第一五〇号　全国学校図書館協議会　一九六三年　一六～一七頁

62 鎌田正、米山寅太郎『新漢語林』二〇〇四年　大修館書店　七二八頁

63 国立青少年教育振興機構「子どもの読書活動の実態とその影響・効果に関する調査研究　報告書［概要］―子どもの頃の読書活動は、豊かな人生への第一歩！」(http://www.niye.go.jp/

kanri/upload/editor/72/File/kouhyouhappyou.pdf) [参照2017.2.3]

64 文部省『学習指導要領　一般編』中等学校教科書株式会社　一九四七年　二二頁

65 同書　三一～三二頁

66 前掲『基本法コンメンタール　教育関係法』二六頁（執筆は野上修市）

67 宗像誠也編著『教育基本法　その意義と本質』新評論　一九六六年　一一三頁

68 前掲『学校図書館の手引』八七～八八頁

69 図書館教育研究会『図書館教育―読書指導の手引―』（学校図書館学叢書―第二集―）学芸図書　一九五一年　六～一二頁

70 中央教育審議会「新たな未来を築くための大学教育の質的転換に向けて」(二〇一二年八月二十八日) (http://www.mext.go.jp/b_menu/shingi/chukyo/chukyo0/toushin/1325047.htm) [参照2017.2.3]

71 「初等中等教育における教育課程の基準等の在り方について」(二〇一四年十一月二十日) (http://www.mext.go.jp/b_menu/shingi/chukyo/chukyo0/toushin/1353440.htm) [参照2017.2.3]

72 『朝日新聞』二〇一七年四月十一日

73 中央教育審議会「二一世紀を展望した我が国の教育の在り方について」(第二次答申) (一九九七年六月一日) (http://www.mext.go.jp/b_menu/shingi/chuuou/toushin/970606.htm) [参照2017.2.3]

74 前掲『エミール』二四頁

75 同書　二四～二五頁

第二章　アクティブ・ラーニング（「主体的・対話的で深い学び」）

―「学び方の学び」を支える学校図書館

第一節　「主体的・対話的で深い学び」

一　「主体的・対話的で深い学び」―新学習指導要領

「主体的・対話的で深い学び」が、新しい学習指導要領のキーワードになってきました。今年（二〇一七年三月三十一日）発表された新学習指導要領（以下、新要領）（注1）は、総則の冒頭（「第一　小学校教育の基本と教育課程の役割」）で、教育活動を進めるに当たって「主体的・対話的で深い学びの実現に向けた授業改善」を掲げました。

さらに、「第三　教育課程の実施と学習評価」の部分で、各教科等の指導に当たって配慮すべき事項として、「主体的・対話的で深い学びの実現に向けた授業改善」を掲げ、次のように記述しています。

各教科等において身に付けた知識及び技能を活用したり、思考力、判断力、表現力等や学びに向かう力、人間性等を発揮させたりして、学習の対象となる物事を捉え思考することにより、各教科等の特質に応じた物事を捉える視点や考え方（以下「見方・考え方」という。）

が鍛えられていくことに留意し、児童が各教科等の特質に応じた見方・考え方を働かせながら、知識を相互に関連付けてより深く理解したり、情報を精査して考えを形成したり、問題を見いだして解決策を考えたり、思いや考えを基に創造したりすることに向かう過程を重視した学習の充実を図ること。

「見方・考え方」という表現も、新要領の重要な用語として登場しています。新要領は、児童がその「見方・考え方」を働かせながら、知識を相互に関連付けた深い理解、情報の精査・考えの形成、問題解決、創造などに向かうよう「過程を重視した学習の充実」を図ると述べています。「学習の過程の重視」、この表現もこれまでの学習指導要領には見慣れない表現で、新要領の重要なポイントだと思います。

もちろん、これまでの学習指導要領における、基礎的・基本的な知識及び技能の習得、思考力、判断力、表現力等の育成、主体的に学習に取り組む態度、個性の重視などの基本的事項、更に言語活動の充実を継続している点は、これまでと同様です。しかし、新要領で前面に出てきたのは、「主体的・対話的で深い学び」、そして「学習の過程の重視」です。そしてこの両者は、相互に密接な関連を有しつつ位置づけられています。

本章がテーマとしている「学校図書館」に関する箇所でも、新要領には「主体的・対話的で深い学び」という用語が登場し、次のように記されています。

学校図書館を計画的に利用しその機能の活用を図り、児童の主体的・対話的で深い学びの実現に向けた授業改善に生かすとともに、児童の自主的、自発的な学習活動や読書活動を充実すること。

ここでは、「主体的・対話的で深い学び」の実現に向けた授業改善に、学校図書館の利活用を図ることが求められています。改めて、学校図書館は「主体的・対話的で深い学び」とどう関連するかが問われています。

二 「主体的・対話的で深い学び」の登場――中央教育審議会答申(「答申」)

この「主体的・対話的で深い学び」は、どのような意義を含んだ概念なのか、それを理解するには、新要領に先立ち発表された中央教育審議会答申(二〇一六年十二月二十一日、以下「答申」)(注2)が重要な示唆を与えてくれます。答申は、その部分について、次のように述べています。先ずは「どのように学ぶか」という「学びの質の重視」と関わる指摘です。

子供たちが、学習内容を人生や社会の在り方と結び付けて深く理解し、これからの時代に求められる資質・能力を身に付け、生涯にわたって能動的に学び続けたりすることができるようにするため、子供たちが「どのように学ぶか」という学びの質を重視した改善を図っていくことである。

そして答申は、「主体的・対話的で深い学び」について、次のように述べています。

「主体的・対話的で深い学び」の実現とは、特定の指導方法のことでも、学校教育における教員の意図性を否定することでもない。人間の生涯にわたって続く「学び」という営みの本質を捉えながら、教員が教えることにしっかりと関わり、子供たちに求められる資質・能力を育むために必要な学びの在り方を絶え間なく考え、授業の工夫・改善を重ねていくことである。

「主体的・対話的で深い学び」の実現とは、「必要な学びの在り方を絶え間なく考え、授業の工夫・改善を重ねていくこと」と位置づけています。「学び方の学び」としての「主体的・対話的で深い学び」の指摘です。

また答申は、この数年、学校や教育界などで話題となっていた「アクティブ・ラーニング」という用語を、「主体的・対話的で深い学び」につづけて括弧書きで付しています。「「主体的・対話的で深い学び」の実現（「アクティブ・ラーニング」の視点）」という表現がそれです。

しかし新要領ではこの用語はなくなりました。その理由については、新要領の改訂案（二〇一七年二月十四日）を報じた際の報道によると（注3）、文部科学省の担当者は、「学習指導要領は広い意味での法令にあたり、定義がないカタカナ語は使えない。ＡＬ（アクティブ・ラーニング…筆者注）は多義的な言葉で概念が確立していない」と説明しています。アクティブ・ラーニングという用語は後景に去り、代わって「主体的・対話的で深い学び」という用語が前面に登場してきたのです。

第二節　「アクティブ・ラーニング」
―中央教育審議会答申（質的転換答申）を媒介に

一　「主体的」な学び（学修）

（1）「能動的学修（アクティブ・ラーニング）」

「アクティブ・ラーニング」という用語は、文部科学省編の『用語集』（注4）にも掲載されており、「教員による一方向的な講義形式の教育とは異なり、学修者の能動的な学修への参加を取り入れた教授・学習法の総称」と解説されています。そして、学習方法として、「発見学習、問題解決学習、体験学習、調査学習等が含まれるが、教室内でのグループ・ディスカッション、ディベート、グループ・ワーク等も有効なアクティブ・ラーニングの方法である」と付言されています。そしてこの用語は、教育改革の中心的概念の一つとして登場してきた用語です。そこで、このアクティブ・ラーニングが、どのような教育状況を分析するなかで登場してきた概念なのかを理解するため、この表現が用いられた二種の文書を見ていきたいと思います。

先ず第一は、二〇一二年に中央教育審議会が発表した「新たな未来を築くための大学教育の質的転換に向けて」という答申です（注5）。答申名が長いので、しばしば「質的転換答申」と略称されることがあります（以下、先の答申と区別するため、この二〇一二年答申を「質的転換答申」とする）。

質的転換答申では、アクティブ・ラーニングという用語は、「能動的学修（アクティブ・ラーニング）」と括弧書きで記され、次のように説明されています。

従来のような知識の伝達・注入を中心とした授業から、教員と学生が意思疎通を図りつつ、一緒になって切磋琢磨し、相互に刺激を与えながら知的に成長する場を創り、学生が主体的に問題を発見し解を見いだしていく能動的学修（アクティブ・ラーニング）への転換が必要である。

すなわち、アクティブ・ラーニングという用語は、教育（学修）方法の転換と関連づけ登場した用語です。「知識の伝達・注入型」教育から「学生が主体的」に学ぶ（学修）教育への転換です。

質的転換答申は、そうした転換の背景について、社会の仕組みの大きな変容、既存の価値観の根本的見直しが迫られるなか、「想定外の事態に遭遇したときに、そこに存在する問題を発見し、それを解決するための道筋を見定める能力が求められる」ようになったからだと分析しています。「想定外の事態に遭遇」したときの対応能力の必要性の指摘です。そして、つづけて次のようにも述べています。

生涯にわたって学び続ける力、主体的に考える力を持った人材は、学生からみて受動的な教育の場では育成することができない。

「学び続ける力、主体的に考える力」は、「受動的な教育の場では育成」できない。非常に端的な指摘です。それゆえ、学生が「主体的」に問題を発見し解を見いだしていく学習方法として「能動的学修（アクティブ・ラーニング）」が重要になってきたとの指摘です。

(2)「アクティブ・ラーニング」と学修時間

その主体性の発揮と関連して、質的転換答申で「アクティブ・ラーニング」が登場するのは、「求められる学士課程教育の質的転換」を論じた箇所においてです。そこでは、具体的授業の姿として、ディスカッションやディベートといった双方向の講義、演習、実験、実習や実技等が例示されています。そして「従来の教育とは質の異なる」学修のために、学生には、①授業のための事前の準備（資料の下調べや読書、思考、学生同士のディスカッション、他の専門家とのコミュニケーション等）、②授業の受講（教員の直接指導、その中での教員と学生、学生同士の対話や意思疎通）や事後の展開（授業内容の確認や理解の深化のための探究等）を促す教育上の工夫、③その他、インターンシップ、留学体験といった、教室外学修プログラム等の提供の必要性が列挙されています。

他方、教育を担当する教員に対しては、「学生の主体的な学修の確立のために、教員と学生あるいは学生同士のコミュニケーションを取り入れた授業方法の工夫、十分な授業の準備、学生の学修へのきめの細かい支援などが求められる」としています。

学生には授業のための事前の準備や授業の受講・事後の展開を、教員には授業方法の工夫、十分な授業の準備、学生の修学への支援などを求めています。こうした「質的転換」によって、学生は主体的な学修の体験を重ねることにより、「想定外の事態に遭遇」したときの対応能力や生涯学び続ける力を修得できるとしています。そのキーワードとして登場したのが「能動的学修（アクティブ・ラーニング）」です。

ここに列挙された「従来の教育とは質の異なる」学修のための様々な事例は、大学関係者が、今日の学生の学修に強い危機感を抱いている証左でもあります。その危機感は、次の分析にも現れています。

大学関係者等は、学士課程教育の質的転換が「待ったなし」の課題であり、若者や学生、地域社会や産業界を含め、社会全体にとって極めて切実な問題であることを改めて認識する必要がある（略）。

したがって、何らかの具体的な行動に着手することによって、まず学士課程教育の質的転換への好循環を生み出し、それが確かな成果をあげることによって、学生や保護者、地域社会、地方公共団体、企業、非営利法人など、広く社会がその実感を共有し、その結果、大学における学修への信頼が高まるという大きな社会的好循環を形成することが求められる。

「何らかの具体的な行動に着手する」、そのことにより「大学への信頼」を高めることの必要性が力説されています。しかし質的転換答申が求めたその「具体的な行動」は「学生の十分な質を伴った主体的な学修時間の実質的増加・確保」でした。そして「学修時間の実質的増加・確保」は、「学生の主体的な学びを確立し、学士課程教育の質を飛躍的に充実させる諸方策の始点」だと述べています。その前提には、「我が国の大学生の学修時間が諸外国の学生と比べて著しく短いという現実」認識があったようです（注６）。

二 「自ら考え、自ら判断する」「主体的・自主的に考える」

質的転換答申に何度も登場するキーワードは「主体的」という言葉です。たとえば、アクティブ・ラーニングは、学生が「主体的に問題を発見し解を見いだしていく能動的学修」で、また学生は「主体的な学修の体験」を重ねることを求められ、さらに学士課程教育の質を充実する始点が、学生の「主体的な学修時間の実質的増加・確保」です。「主体的」の連続です。そして何よりも、答申副題は「主体的に考える力を育成する」です（傍点は筆者）。

しかし、「主体的・自主的」に学び、考える力を有した学習者（子ども）、こうした子どもを育てることの重要性は、戦後のわが国教育における古くて新しい課題でもあります。戦後の教育改革の方向性を示した文書に『新教育指針』（文部省、一九四六年）という文書がありますが、そのなかに、次のような一節があります（注7）。

教育においても、教師が教へるところに生徒が無ひはん的にしたがふのではなく、生徒が自ら考へ自ら判断し、自由な意思をもつて自ら真実と信ずる道を進むやうにしつけることが大切である。

この文書には、日本が「どうしてこのような状態になったのか」と戦争の原因を分析した箇所があり、その原因の一つが「日本国民はひはん的精神にとぼしく権威にもう従しやすい」と分析されていました。それゆえ、こうした原因を取り除くために、これからの教育には「自ら考え自ら判断」できる、いわば「主体的・自主的」に考えることのできる子ども像が求められたのです。「主体的・自主的」な子ども像は、戦後教育の出発点でもありました。

憲法の精神と不離一体の教育法規として制定された教育基本法（旧、一九四七年）も、同様の考えに基づき制定されています。教育の目的（第一条）に「人格の完成をめざし（略）自主的精神に充ちた」国民の育成を、そして教育の方針（第二条）では、そうした目的を実現する方針の一つとして「自発的精神」の涵養が規定されていました。こうした規定を通しても、主体性、自主性（自発性）に富んだ人間像は、戦後教育が内包していた人間像であったことがわかります（注8）。

「主体的・自主的」子ども像は、高度経済成長と教育政策の転換のなかで、一時後景に追いやられましたが、成長の終焉とともに、再びこうした資質を備えた子ども像が、教育改革の基軸をなす概念として提起されるに至りました。たとえば、その一つは、経済成長終焉後に出された「教育課程審議会最終答申」（一九七六年）です（注9）。答申には、改善のねらいとして「自ら考え正しく判断できる力をもつ児童生徒の育成」が述べられていました。同審議会長の言葉を借りれば、「教える側からの一方的知識伝達に終始するのをやめて、教わる側が与えられた知識を基にして、自分で考え直し、判断を下す余裕あるものに改める」（注10）ことです。また「臨時教育審議会最終答申」（一九八七年）でも「これからの教育は（略）自ら思考し、判断し、決断し、責任を取ることのできる主体的能力、意欲、態度等を育成しなければならない」と提言していました（注11）。いずれも、高度経済成長期に失われつつあった子どもの「主体的・自主的」態度の回復です。

社会の状況は、国内のみならず国際関係を含めていつも激動の連続であり、未来は不透明です。「想定外の事態」（質的転換答申）の連続です。その激動かつ不透明な状況に、積極的かつ柔軟に対応するため、いずこの国も、その未来を担う子どもが、「自ら考え、自ら判断」できる（「主体的に考える」）力を有した子どもであって欲しいとの思いを描くのは、極めて当然のことであります。

三　「改革」「変化」への対応と「学び方」

(1)　「想定外の事態に遭遇」

質的転換答申は、新たな学びとしての「能動的学修（アクティブ・ラーニング）」が求められる状況認識の一つとして、社会の変容、価値観の根本的見直しという時代のなかで、（既述のように）「想定外の事態に遭遇したときに、そこに存在する問題を発見し、それを解決するための道筋を見定める能力が求められる」ようになったからだと述べています。「主体的」な問題解決能力の必要性の指摘です。

しばしば、この社会は「不確実性」を有した社会と称されてきました。「不確実性」の言葉は、カナダ出身の経済学者・ガルブレイス（J.K.Galbraith　一九〇八～二〇〇六）の著書『不確実性の時代』

（一九七八年）から広まったと言われています。「何が起こるのかさえ予測できない」場合に、このような言葉を使用することが多いようです。「想定外の事態」とは、まさに「何が起こるのかさえ予測できない」事態です。

果たして「想定外の事態に遭遇したとき」、人間はどのような対応をするのだろうか。拙考を吐露してみるなら、先ずは、既知の知識や情報を基に新たな情報を得、更には他者とも相談・協議をしながら「対処」方法を思案することと思います。そのとき、既知の知識や情報と新たな情報を、どのように結合させながら対処するかが問われることになりそうです。先ずは、①「事態」に関する諸情報を収集すること（情報の入手）、②そして、それらの情報を基に「事態」の状況を検討すること（情報の分析・加工）、③そして、「事態」への対処の新たな道を見出す（新たな情報の生産）ことになると思います。

しかし、こうした対処方法が、真に「想定外の事態」への対処になり得るには、既存の発想だけでは間に合いそうもありません。さらに柔軟な発想や新しい価値観が必要になってきそうです。そのためには、日常的に、変化に対応する処方箋（改革、変化）を想定しつづけることが大切だと思います。既存の価値観や考え方に捉われない「学び」（学修）、「横並び」ではない「縦横無尽」の方向性を帯びた「学び」（学修）が必要になってくると思います。既存の価値観に拘泥したのでは、新たな対処方法を生み出すことはできません。既知の知識や情報の有用性を含めて、既存の自己を問い直すという「新たな学び」へ向けた方向性が重要だと思います。いわば、「想定外の事態」への対処は、既存の価値観への疑問とセットであるように思います。そのためには、「主体的・自主的」な思考が何よりも求められると思います。「自ら考え、自ら判断する」、そうした「主体的・自主的」態度（学びの姿勢）が必要なのです。

(2)　主体的な学びと「自己否定的学習」

こうした問題意識は、実はそれほど特異ではなく、これまでも随所で指摘されてきたことのように思います。そうした指摘を一つ、それも教育とは全く縁遠いと思われるある文献での指摘を紹介します。次の指摘です（注12）。

> 組織は進化するためには、新しい情報を知識に組織化しなければならない。つまり、進化する組織は学習する組織でなければならないのである。組織は環境との相互作用を通じて、生存に必要な知識を選択淘汰し、それらを蓄積する。

組織は「新しい情報を知識に組織化しなければならない」。組織の「自己革新」の必要性を指摘しています。この指摘は、日本軍の組織的研究を通じて、日本軍の失敗の事例研究（ノモンハン事件（昭和十四年）から始まり沖縄戦（昭和二十年）に至るまでの六件の戦闘）を社会科学的に分析した『失敗の本質』という文献の一節です。

この書は、「危機、すなわち不確実性が高く不安定かつ流動的な状況——それは軍隊が本来の任務を果たすべき状況」において、日本軍は「有効に機能しえずさまざまな組織的欠陥を露呈した」との認識に基づき書かれています。そして、その失敗の原因を明らかにしつつ、その失敗を「現代の組織一般にとっての教訓」に生かそうとしたものです(注13)。それだけに、日本軍に関する次の指摘も教訓的です。質的転換答申が指摘するまさに「想定外の事態に遭遇したとき」のことです(注14)。

日本軍は、過去の戦略原型にはみごとに適応したが、環境が構造的に変化したときに、自らの戦略と組織を主体的に変革するための自己否定的学習ができなかった。

「環境が構造的に変化したとき」、すなわち「想定外の事態に遭遇」したときです。そのときへの対応には、既存の思考、学習、知識の応用ではなく、その正反対の「自己否定的学習」が必要であるとの指摘は示唆的です。「成長期には異常な力を発揮するが、持久戦にはほとんど敗者復活ができない。成長期には、組織的欠陥はすべてカバーされるが、衰退期にはそれが一挙に噴出してくる」(注15)、そうした組織は「学習棄却ができず自己革新能力を失ってしまった」、それが日本軍の「最大の失敗の本質」(注16)だったと結論づけています。

「想定外の事態に遭遇」することを「想定」して、日々「自己否定的学習」を積み重ねていく。

それは、「主体的・自主的」な学びのなかでこそ醸成されるものだと思います。ですから、この書は、自己変革（「改革」「変化」）を遂げて行くという「学び」（主体的・自主的学び）の重要性を指摘した書でもあるように思います。それは今日においても、「学び」を考える際に、教訓的な指摘であるように思います。

(3)「成長する有機体のみが生き残る」—ランガナタンの指摘

質的転換答申は、その名の通り大学教育の「質的転換」を図るなかで、「新たな未来を築く」（表題）大学教育を構築するための処方箋を示したものです。換言すれば、大学の質的転換を図るなかで、大学という組織の維持・発展の方向性を示した文書でもあります。

その組織と関わり、組織は常に「質的転換」を図らなければ永続できない、そう述べた図書館人に、インドの図書館学者・ランガナタン（S.R.Ranganathan　一八九二〜一九七二）がいます。そのランガナタンの代表的著作が『図書館学の五法則』（The Five Laws of Library Science）です(注17)。この五法則は、図書館学の根本原理であり、図書館サービスの際の基本的考え方を示したものですが、その五法則の五番目が、〈図書館は成長する有機体である〉（A library is a growing organism）という法則です。この法則のカギは、図書館が「有機体」（organism）であると考えた点にあります。しかも「成長する」有機体だということです。その「有機体」について、ランガナタンは次のように言います(注18)。

成長する有機体のみが生き残るであろうことは、一般に認められた生物学上の事実である。成長することをやめた有機体は、そこで止り、消滅していくであろう。（略）成長する有機体は、新しい物質を取り入れ、古い物質を捨て去り、大きさを変え、新しい形を整える。

その「有機体」とは、「生命現象をもっている個体、つまり生物」（『大辞林』第三版）のことです。そしてランガナタンは、図書館を生命体の一つとして考えていました。進化論を例にとり「これらの形態の変化すべてを通じて存続してきた一つのことは、生命という一大原理であった」と述べています。そして「それは図書館についても同じである」（注19）と。すべての組織は「進化・発展」するためには、変わらなければなりません。そして「想定外の事態に遭遇」したときに、事態を解決に向ける方策は、「新しい物質を取り入れ、古い物質を捨て去り、大きさを変え、新しい形を整える」、そのことへの備えを常にしておくことです。

「組織は進化するためには、新しい情報を知識に組織化しなければならない」（『失敗の本質』）、「成長する有機体のみが生き残る」（『図書館学の五法則』）。こうした教えを、日々の営みのなかで実践するためには、質的転換答申の指摘のごとく、「想定外の事態に遭遇したときに、そこに存在する問題を発見し、それを解決するための道筋を見定める能力」が、極めて大切だと思います。そして、問題意識と解決への道筋を内包したその「能力」は、変革・改革への眼差しを有したものとなると思います。

そうした「能力」を身に付けるためにも、日々の学びを「主体的に問題を発見し解を見いだしていく」（質的転換答申）、そうした方向に転換していくことが重要だと思います。そして「主体的に問題を発見し解を見い」出すことは、「知識の伝達・注入」型の受動的学習方法によっては得られないものです。質的答申が「能動的学修（アクティブ・ラーニング）」という新たな課題を提起した最大の意義は、そこにあったのだと思います。「学び方の学び」の重要性です。

第三節　「アクティブ・ラーニング」

―文部科学大臣の諮問（「諮問」）を媒介に

一　文部科学大臣の諮問

(1)　「どのように学ぶか」の重視

今年（二〇一七年三月三十一日）発表された新学習指導要領（以下、新要領）には、既述のように「アクティブ・ラーニング」という用語は登場しませんでしたが、この用語は今日、教育界のみならず社会的にも広がりつつある用語です。

「学習塾も「探究型」」とのタイトルで、子どもが自ら考える力を養う「探究型」の学習塾が相次ぎ登場していることを紹介する記事も掲載されています(注20)。その記事によりますと、「「主体的な学び」が重視される流れのなか、偏差値教育が中心だった塾が変わりつつある」という。その背景には、新要領で導入が予定されているアクティブ・ラーニングがあると解説しています。

この用語が、初等中等教育にまで広がる直接の契機は、文部科学大臣が、新要領の改訂に向けて出した「初等中等教育における教育課程の基準等の在り方について」という諮問(二〇一四年十一月二十日、以下、「諮問」)にあります(注21)。そこで、この諮問を改めて見てみたいと思います。諮問は、そのなかで、次のような「学び」の視点を提起しています。

> ある事柄に関する知識の伝達だけに偏らず、学ぶことと社会とのつながりをより意識した教育を行い、子供たちがそうした教育のプロセスを通じて、基礎的な知識・技能を習得するとともに、実社会や実生活の中でそれらを活用しながら、自ら課題を発見し、その解決に向けて主体的・協働的に探究し、学びの成果等を表現し、更に実践に生かしていけるようにすることが重要である。

「知識の伝達だけに偏らず」、「自ら課題を発見し、その解決に向けて主体的・協働的に探究」することの重要性の指摘です。「主体的・協働的」という用語が出てきます。そして引きつづき、次のように指摘しています。

そのために必要な力を子供たちに育むためには、「何を教えるか」という知識の質や量の改善はもちろんのこと、「どのように学ぶか」という、学びの質や深まりを重視することが必要であり、課題の発見と解決に向けて主体的・協働的に学ぶ学習（いわゆる「アクティブ・ラーニング」）や、そのための指導の方法等を充実させていく必要があります。こうした学習・指導方法は、知識・技能を定着させる上でも、また、子供たちの学習意欲を高める上でも効果的であることが、これまでの実践の成果から指摘されています。

「何を教えるか」（知識の質や量）の改善はもちろんですが、「どのように学ぶか」（学びの質や深まり）という「学び方」を重視するとの指摘です。従来の学習指導要領は、児童生徒に、各教科等において「どのような内容」を教えるかの記述が中心であり、その結果、学習を通じて「知識として何を知ったか」が重視されがちでした。それを「どのように学ぶか」という「学び方」の視点を新たに（しかも重点的に）加えたのです。この点は、諮問の大きなポイントです。

また「主体的」な学びについては、現行学習指導要領でも「主体的に学習に取り組む態度を養い」（総則）との表現で登場していますが、「協働的」な学びについては始めてです。「協働」とは、「同じ目的のために、協力して働くこと」（『大辞林』第三版）を意味しています。学びを「個」の営みとしてではなく「集団」（学級、教員、地域など）の営みとして捉えるべきことを提起し、学びのスタイルを転換すべきとの指摘です。それは、新要領における「対話的」「深い学び」へと連動するものです。

諮問は、そうした「学び方の学び」の改革を通じて「未来を切り開いていく力」を育成しようとしています。そして、そうした「力」を培うために、新要領において、アクティブ・ラーニングの具体的な在り方を含めて、学習・指導方法等に関する検討を求めたのです。

(2)「子どもの意識」—自己肯定感など

そして諮問は、また今日の子どもの状況について、次のような認識を示しています。

我が国の子供たちについては、判断の根拠や理由を示しながら自分の考えを述べることについて課題が指摘されることや、自己肯定感や学習意欲、社会参画の意識等が国際的に見て低いことなど、子供の自信を育み能力を引き出すことは必ずしも十分にできておらず、教育基本法の理念が十分に実現しているとは言い難い状況です。

特に「自己肯定感」の低さは、学びにとって大きなネックです。それは学習意欲の減退と結びつき、学習の質的低下を招きます。更に、一国の国民の基礎的素養としての基礎・基本の習得にも大きな影響を与えます。また、既述した「変革」「変化」に対して消極的になりがちです。そして、ひいてはこの国をどのように変えていこうとするのか（社会参画）、という主権者としての有り様とも深く関わってきます。ですから、こうした子どもの自己認識を前向きに変えていく必要があり、それは学校教育が抱える大きな課題でもあります。そして「学び方」の転換が、そうした課題に一定の解決策を提示するかもしれません。その前に先ず、その子どもの意識がどんな状況であるのかを見てみたいと思います。

「自己肯定感や学習意欲、社会参画の意識等が国際的に見て低い」ことは、政府の調査結果にも表れています。政府が二〇一四年六月三日に閣議決定した「子ども・若者白書」（注22）には、「我が国と諸外国の若者の意識に関する調査」（二〇一三年度）の結果が載っています。調査対象国は七カ国（日本、韓国、アメリカ、イギリス、ドイツ、フランス、スウェーデン）で、調査対象は満十三歳から二十九歳までの男女です。調査結果に表れた日本の子ども・若者の意識のいくつかを、次に紹介します。

(1)　自己肯定感

「自分自身に満足している」（四五・八％）、「自分には長所がある」（六八・九％）

(2)　意欲

「うまくいくかわからないことにも意欲的に取り組む」（五二・二％）

(5) 社会形成・社会参加
「社会現象が変えられるかもしれない」（三〇・二％）
(6) 自らの将来に対するイメージ
「将来への希望」（六一・六％）、「四十歳になったときのイメージ（幸せになっている）」（六六・二％）。

これらは、いずれも対象国中で最も低い割合となっています。この結果を見て、子ども・若者のこうした「否定的意識」をもっと前向きにできないのだろうか、子ども・若者が「将来」を描ける社会を創れないのだろうかとの思いを抱く人は多いと思います。白書にも「日本の将来を担う子どもたちは、我が国の一番の宝である。子どもたちの命と未来を守り、無限の可能性に満ちたチャレンジ精神にあふれる若者が活躍する活力にみちた社会を創り上げていかなければならない」と、記されています(注23)。

こうした意識は、「学び」に対して否定的要因として反映します。文部科学大臣の諮問は、「自立した人間として多様な他者と協働しながら創造的に生きていくために必要な資質・能力」のあり方、「何事にも主体的に取り組もうとする意欲や多様性を尊重する態度」などの重要性を指摘しています。しかし、こうした調査結果から見えるわが国の若者の意識は、諮問が求めている子ども像と大きく背離関係にあります。「自己肯定感」の低さは「主体的に取り組む意欲」を欠くことになりかねません。また「社会現象が変えられるかもしれない」との思いの低さは、「将来への希望」「将来に対して、はっきりした目標を持っている」ことの欠如ともかかわり「自立した人間」としての立ち位置を示すことが困難になります。またそれは、十八歳選挙権が実現した今日、主権者としての行動様式にも大きな影響を与えかねません。

「それだけに」と言ったらいいのでしょうか。諮問は、これまでの学習方法（「知識の伝達」）に偏らない新たな「学び」の方法として「課題の発見と解決に向けて主体的・協働的に学ぶ学習（いわゆる「アクティブ・ラーニング」）」を提起したのだと思います。いわば、「主体的・協働的な学び」を通して、課題を発見しその解決を導き出していく、そうした「学び方」への転換を通して、子どもの自己肯定感や学習意欲の低さなどを前向きにしようともしたのです。

第四節「主体的・対話的で深い学び」と関連し

一　「主体的・対話的で深い学び」とは

新要領では、既述のごとく「アクティブ・ラーニング」という用語は取り入れられませんでした。新たな概念として登場したのが「主体的・対話的で深い学び」という三つの視点（以下、「三つの視点」）です。諮問における「「どのように学ぶか」という、学びの質や深まりを重視することが必要」との指摘を受けたものです。

この「三つの視点」は、新要領の大きな柱になる概念です。それだけに、新要領では、総則のみならず、国語等の教科から始まり特別活動にいたるまで、「指導計画の作成と内容の取扱い」において、配慮すべき事項として「児童の主体的・対話的で深い学びの実現を図るようにすること」と記されています。

しかし、その具体的内容は、新要領では明らかではありません。そこで、その内容を明らかにするために、（新要領の改訂に向けて審議していた）既述の中央教育審議会答申（答申）の説明を下に、この「三つの視点」を見てみたいと思います。答申は、その具体的内容を以下のように整理し、それぞれの視点が「実現できているか」を問題にしています。

①「主体的な学び」
学ぶことに興味や関心を持ち、自己のキャリア形成の方向性と関連付けながら、見通しを持って粘り強く取り組み、自己の学習活動を振り返って次につなげる

②「対話的な学び」
子供同士の協働、教職員や地域の人との対話、先哲の考え方を手掛かりに考えること等を通じ、自己の考えを広げ深める

③「深い学び」
習得・活用・探究という学びの過程の中で、各教科等の特質に応じた「見方・考え方」を働かせながら、知識を相互に関連付けてより深く理解したり、情報を精査して考えを形成したり、問題を見いだして解決策を考えたり、思いや考えを基に創造したりすることに向かう

またこれら「三つの視点」は、指導を通じて、どのような「資質・能力」を育成するかと関わりますが、新要領では、その資質・能力について次の三点を掲げています。（　）内は、その部分に関する答申での補足部分です（注24）。

①知識及び技能の習得（何を理解しているか、何ができるか）
②思考力・判断力・表現力等の育成（理解していること・できることをどう使うか）
③学びに向かう力、人間性等の涵養（どのように社会・世界と関わり、よりよい人生を送るか）

ですから「三つの視点」は、これらの資質・能力を育成するために求められる「学びの在り方（略）、授業の工夫・改善」と深く関わる視点なのです。文部科学省のある視学官は、教育系雑誌のインタビューで、この「三つの視点」の関係性を問われて、「この三つは、それぞれが学習過程の質

的改善や授業改善に向かうために重要な視点」と答えています（注25）。「学習過程の質的改善や授業改善」に向けた視点、すなわち「学びの過程」に向けた視点です。

二 「主体的・対話的で深い学び」と関わる「見方・考え方」

答申は、この「三つの視点」のなかでも特に、「深い学び」の重要性を指摘しています。それでは、その「深い学び」とは、どのような学びのことを言うのでしょうか。答申は、学びの「深まり」の鍵となるのは、各教科等の特質に応じた「見方・考え方」であると述べています。「見方・考え方」という新たな用語の登場です。そして答申は、その「見方・考え方」について、次のように解説しています。既述した新要領のなかでの解説よりも詳細です。

「見方・考え方」は、新しい知識・技能を既に持っている知識・技能と結び付けながら社会の中で生きて働くものとして習得したり、思考力・判断力・表現力を豊かなものとしたり、社会や世界にどのように関わるかの視座を形成したりするために重要なものである。既に身に付けた資質・能力の三つの柱によって支えられた「見方・考え方」が、習得・活用・探究という学びの過程の中で働くことを通じて、資質・能力がさらに伸ばされたり、新たな資質・能力が育まれたりし、それによって「見方・考え方」が更に豊かなものになる、という相互の関係にある。

すなわち、答申では「見方・考え方」は、次の点と関わり「重要なもの」と捉えられています。

① 新しい知識・技能を既に持っている知識・技能と結び付ける
② 思考力・判断力・表現力を豊かなものとする
③ 社会や世界にどのように関わるかの視座を形成する

それでは、この「見方・考え方」は、具体的にどのような意味において重要なのでしょうか。答申は、その点について「見方・考え方」は、教育において育成すべき資質・能力の伸長・育成と関わり、その過程を通じて、「見方・考え方」も更に豊かになると説明しています。すなわち「見方・考え方」―「習得・活用・探究という学びの過程」―豊かな「見方・考え方」の醸成、という循環関係です。そして、この循環関係は、視点を変えれば、資質・能力の循環関係でもあります。すなわち、既得の資質・能力は、「見方・考え方」に裏打ちされた学びを通じて、新たな資質・能力の育成につながる、という循環関係として説明されています。

三　「学び」の過程

「深い学び」は「三つの視点」の一つです。今一度、「三つの視点」に戻って、この視点が提起する「学びの在り方（略）、授業の工夫・改善」を考えてみたいと思います。そのためには、「学び」という営みは、どのようなプロセス（過程）なのかを、改めて考えてみたいと思います。

教育とは、「他人に対して意図的な働きかけを行うことによって、その人を望ましい方向へ変化させること」（『大辞林』三版）ですが、その「働きかけ」は、主として情報を媒介として行われます。換言すれば、「教育」（学び）とは「情報を仲立ちとして、子ども自身が自己変容する過程、あるいはその変容を支援する過程」と認識することができます。教科書で学ぶ、先生の話を聞く、それは情報の入手です。特別活動で集団的に物事に対処する、そのとき情報（ことば）を介して対処しています。本を読む、本やネットで調べる、情報の入手です。友達とあるテーマについて意見を交わす、親や近隣の人との会話を通じて新たなことを知る、情報の入手です。その情報は、「外」に現れた情報だけではなく、自分の「内」から発する情報もあります。ある教育心理学者によると、そのことば（「内面化されたことば」）は、「自分自身に話しかけることによって、自分の行動を方向づけたり調整したり」するはたらきがあると言います（注26）。

こうした情報の入手を出発点として、その情報を既知の知識・情報を基に、分析・加工し、新たな情報を再生産する、それが「学び」の過程の主要な部分です。すなわち、新たに入手した情報を既知の情報を使い「あれこれ」とその中身を検討してみる、他に入手した情報と比較しつつ入手した情報の内容を検討してみる、その過程で様々な人の意見も聞き、意見を交える、その結果として新たな情報が自己の内に再生産され、文章や発話などによって他者に伝えられるのです。

こうした過程が「学び」の過程の中心だと思います。そして、こうした情報の再生産（「学び」）の過程で、様々な資質・能力（知識及び技能、思考力・判断力・表現力、学びに向かう力など）が培われ、自己変容へとつながるのです。

「主体的・対話的で深い学び」とは、こうした過程のなかで、たとえば「学ぶことに興味や関心を持つ」ように（主体的な学び）、「子供同士の協働、教職員や地域の人との対話、先哲の考え方を手掛かり」にするように（対話的な学び）、「知識を相互に関連付けてより深く理解したり、情報を精査して考えを形成したり」できるように（深い学び）、それぞれ配慮しながら学習過程の質的改善や授業改善を図っていくことを意味しているのです。

ですから、こうした「学び」は、当然にも「知識の伝達・注入を中心とした授業」（質的転換答申）からの転換を伴っています。「深い学び」の例示としての知識を相互に関連付けた理解、情報の精査・考えの形成などの一つをとってみても、「知識の伝達・注入を中心とした授業」では、このような「学び」はできません。こうした授業では、知識は一方的に教授者から提示され、学習者はそれを無批判的に取り入れることになりがちです。先に紹介した文部科学省視学官は、アクティブ・ラーニングと関わり、授業の質的向上に向けて、次のような二つの転換を求めています。その一つは、「暗記・再生型から思考・発信型の授業への転換」であり、もう一つは「教師中心から学習者中心の授業への転換」です（注27）。

「学び」が「知識の伝達・注入を中心とした授業」になった場合に、情報は教師から与えられるもの（所与の情報）となり、自分で入手し、分析・加工を経るというプロセスをたどることが捨象されてしまうのです。「主体的な学び」でも「対話的な学び」でもないわけです。まして、「見方、考え方」を下にした「深い学び」をすることもできないわけです。

それだけに、「学び」の過程を考えると、当然にも情報の検索・入手、加工・分析、発表の過程が問われてくるわけです。そして、学校教育において、その情報を最も集中的に管理・提供しているのが学校図書館です。その学校図書館は、その情報の検索・入手、加工・分析、発表をどのようにして行うのか（それは「学び方の学び」ですが）、そうした指導を長年にわたり行ってきた教育環境です。それだけに、新たな「学び方の学び」が問われている今日、学校図書館の存在を改めて確認し、この問題にアプローチすることが必要だと思います。

第五節　「主体的・対話的で深い学び」と学校図書館

一　「学び方の学び」と関わる学校図書館

本節では、学校図書館に焦点を当て、アクティブ・ラーニングの問題、いわば「主体的・対話的で深い学び」について論じたいと思います。

既述のように、新要領（総則）では学校図書館に関する箇所でも「主体的・対話的で深い学び」の表現が登場し、次のように記されています。

学校図書館を計画的に利用しその機能の活用を図り、児童の主体的・対話的で深い学びの実現に向けた授業改善に生かすとともに、児童の自主的、自発的な学習活動や読書活動を充実すること。

ここでは、「主体的・対話的で深い学び」の実現に向けた授業改善に、学校図書館の利活用を図ることが求められています。

また、先の中央教育審議会答申（二〇一六年十二月二十一日）にも、学校図書館に関し、次のような指摘があります。

「主体的・対話的な学び」の充実に向けては、読書活動のみならず、子供たちが学びを深めるために必要な資料（統計資料や新聞、画像や動画等も含む）の選択や情報の収集、教員の授業づくりや教材準備等を支える学校図書館の役割に期待が高まっている。

そして、さらに引きつづき、「公共図書館との連携など、地域との協働も図りつつ、その機能を充実させていくことが求められ」、また「資料調査や、本物の芸術に触れる鑑賞の活動等を充実させる観点からは、博物館や美術館、劇場等との連携を積極的に図っていくことも重要である」と指摘されています。「主体的・対話的で深い学び」の充実に向け学校図書館等の機能の発揮が求められるとの指摘です。

学校図書館の基本を定めた学校図書館法（一九五三年）は、学校図書館は「学校教育において欠くことのできない基礎的な設備」（第一条）と規定しています、その「不可欠性」には、子ども（学習者）の「主体的な学び」を支える、さらには「知識の伝達・注入を中心とした授業」（答申）から脱却すべきとの意義が含まれています。学校図書館法審議の際の提案理由（補足説明、一九五三年）には、学校教育（指導方法）においては「従来の画一的詰込式教授法によらずして、児童生徒の自発的学習形態」が採られることは当然であるとし、そのために「学校図書館の設置は、当然必要不可欠」であると述べられていました（注28）。「一斉画一型教授法」からの脱却、「自発的学習形態」の採用、そのため学校には、学校図書館の存在が「不可欠」的存在として内包されているとの認識です。

二 「自ら学ぶ力」と「学び方の学び」

アクティブ・ラーニングは、既述のように「どのように学ぶか」を主要なテーマとしています。

それは、「知識の伝達・注入を中心とした授業」（質的転換答申）からの脱却であり、「自ら課題を発見し、その解決に向けて主体的・協働的に探究」（「諮問」）する学びへの転換です。

しかし、こうした課題は、昨今始めて提起された課題ではありません。今から約二十年前（一九九八年）に出された教育課程審議会答申には、次のような指摘があります（注29）。

これからの学校教育においては、これまでの知識を一方的に教え込むことになりがちであった教育から、自ら学び自ら考える教育へと、その基調の転換を図り、子どもたちの個性を生かしながら、学び方や問題解決などの能力の育成を重視するとともに、実生活との関連を図った体験的な学習や問題解決的な学習にじっくりとゆとりをもって取り組むことが重要であると考えた。

この答申が指摘しているように、「知識を教え込む教育」からの転換は、学校図書館法提案理由にも述べられたように、わが国教育が抱えてきた長年の課題です。この答申（一九九八年）を遡ること更に約二十年前（一九七六年）の教育課程審議会最終答申（「七六答申」）のキーワードは、「自ら考え正しく判断できる力をもつ児童生徒の育成」でした。特に「学び方の学び」は、「知識を教え込む教育」を転換し、子どもを「自ら考え正しく判断できる」ように育てることと深く関わる課題でもあります。

大学を含めて、「学校では、ものごとをおしえすぎる」が、「ある点では、ほんとうにおしえてもらいたいことを、ちっともおしえてくれない」。すなわち、「知識はおしえるけれど、知識の獲得の仕かたは、あまりおしえてくれない」と述べたのは、社会人類学者・梅棹忠夫（一九二〇〜二〇一〇）です。梅棹は言います。「うけ身では学問はできない。学問は自分がするものであって、だれかにおしえてもらうものではない」。そのためには、「情報の生産、処理、伝達について、基礎的な訓練を、小学校・中学校のころから、みっちりとしこんでおくべきである」と。自発的な学習を行うには、「知識の獲得の仕かた」（学び方の学び）を習得することが重要だとの指摘です。一九六九年刊行の『知的生産の技術』においてです（注30）。

その「知識の獲得」と関わり、アメリカ図書館協会（ＡＬＡ）のある報告書（ＡＬＡ情報リテラシー会長諮問委員会最終報告書）に興味深い指摘があります。同報告書では、情報リテラシーの定義と関連し、次のような解説がされています（注31）。

情報リテラシーとは、〝情報が必要であることを認識し、必要な情報を効果的に見付け、評価し、利用する能力〟であり、情報リテラシーを身に付けた人々とは、〝知識の組織のされ方、情報の見付け方、情報の利用の仕方を知っている〟、いわば〝学び方を学んだ人々である〟。

ここでいう「学び方を学んだ人々」を、学校教育に引き付けて捉え直すなら、自己に必要な情報を自らの力で検索・入手し、その情報を分析・加工、利用できる力を習得した人ということになります。

そうした「学び方の学び」の重要性は、一九八〇年代に入ると教育改革に関する報告書でも指摘されるようになります。ある報告書では、「自己教育力」概念と関わり、「学習の仕方の習得」について次のように述べています（注32）。

自己教育力とは、主体的に学ぶ意志、態度、能力などをいう。（略）自己教育力は、さらに学習の仕方の習得である。今後の社会の変化を考えると、将来の日常生活や職業生活において、何をどのように学ぶかという学習の仕方についての能力を身に付けることが大切である。

「学習の仕方」の重要性が提起されています。既述した文部科学大臣の諮問に言う「どのように学ぶか」が大切であるとの指摘と同様です。学び方を知らなければ、情報（知識）量は所与のものを超えることは容易ではありません。しかし、学び方を知るなら、情報（知識）量は増大していきます。また学び方を知ることは、疑問を解決し、興味を喚起し、新たな世界や未知の分野への探究を可能にすることにつながります。いわば、学び方を知ることにより、人間は知識の被注入者たる地位（客体）を脱し、自己が必要とする課題を自己追求し、自己解決を図れる地位（主体）へと転換することができるのです。その意味において、情報を検索・入手、分析・加工、発表する力を獲得することは、「自ら学ぶ力」を獲得することと同義なのです。ですから、「自ら学ぶ力」「自己教育力」のなかには、「学び方の習得」（学び方の学び）が内在化されていなければならないのです。

三　「学習内容の民主主義」と「学び方の学び」

こうした観点に立って、学校図書館のこれまでの活動を振り返ってみると、学校図書館は「学び方の学び」に最も力を入れてきた学習環境であるといえます。その学び方と関わり、今から約三十年前（一九八五年）に、全国学校図書館協議会提言委員会が出した『学ぶものの立場にたつ教育を』という一冊の教育改革に関する提言書があります。そのなかで、これまでの教育は、「政治的立場からの教育論も、国民的立場からの教育論も、立場こそ違え、共通して一定の内容を教えることが教師の仕事だという明治以来の教育観から自由になることができず、学ぶ子ども主体の教育観にたって教育をとらえ直す視点を欠落させてきた」と述べ、次のようにつづけています（注33）。

私たちが忘れてならないことは、いまなお学ぶ主体不在の教育観が根強く生き続け、いい内容を教えることが大切だという「学習内容の民主主義」は強調されても、何が真実かを学び手自身に追究させ、発見させることを大切にしようとする「学習方法の民主主義」が、学校教育にはなおほとんど根を下ろしていないという事実である。

学習者自身が、自分で「何が真実か」を追究・発見することなしに、「主体的に考える力」の育成はあり得ません。「学習内容」を豊かにするには、「学習方法」の有り様が問われなければならないのです。すなわち、自らが情報を検索・入手、分析・加工、発表する術（「学び方の学び」）を身に付けることが大切なのです。「学習方法の民主主義」は、「学び方の学び」と深く関連しているのです。

学校図書館界では、こうした「学び方の学び」は、長い間「利用指導」という用語で提起され、近年は「情報・メディアを活用する学び方の指導」と称されている分野です。それゆえ、「課題の発見と解決に向けて主体的・協働的に学ぶ学習」（諮問）も、ことさらに目新しいものではありません。そこで少々、学校図書館と「学び方の学び」との関わりを、いくつかの文献を参考にしながら、「どのように学ぶか」（諮問）と学校図書館は不可分的関係にあることを論じたいと思います。

一九八〇年代には、「学び方の学び」が「主体的な学び」と結びつき提起されるようになります。そうした観点からの文献を二冊紹介します。一冊目は、一九八二年に刊行された『自学能力を高める学校図書館の利用指導』（全国学校図書館協議会）です。同書は、利用指導を「児童生徒に図書館および資料の利用法を修得させることにより、主体的に学習する能力を育成する指導である」

と述べ（注34）、その「主体的な学習」を次のように説明しています（注35）。

児童生徒が、与えられた課題あるいは自ら設定した研究主題について、学習の計画を立て、必要な資料を収集し、それらを活用して学習活動を展開し、成果をまとめて発表することを意味している。

「主体的な学習」には、課題の自己設定→学習計画の樹立→資料の収集→学習活動の展開→学習の成果の発表、という一連のプロセスが含まれるとの指摘です。そして、こうした学習を内実化するには、図書館資料の検索・入手、分析・加工、発表に関する指導、すなわち利用指導が必要だとの指摘です。そして、その指導により培われた「力」が「主体的な学習」を担保し、さらにその「力」は、当該の教科学習はもとより、すべての学習活動を展開する際の基礎的な「力」となるのです。

二冊目は、翌年（一九八三年）に刊行された『小学校、中学校における学校図書館の利用と指導』という文部省の手引書です。この書は先ず、学校図書館の存在意義を次のように述べています（注36）。

学校教育が果たすべき重要な役割の一つは、児童生徒に、学ぶことの喜びを体験させ、その意義を理解させて、できるだけ早い時期から自主的な学習への動機付けをしておくことが必要である。つまり、学校教育の期間中に児童生徒に学習方法を習得させ、自主的な学習能力を育成することが肝要である。そのためには、学校図書館は初等教育から高等教育、更に生涯を通じて、効率的に学習を続けるための基礎的技能としての学ぶ方法を、組織的に学ぶための場として提供されなければならない。

「学校図書館は（略）、効率的に学習を続けるための基礎的技能としての学ぶ方法を、組織的に学ぶための場として提供されなければならない」との指摘は、梅棹の「情報の生産、処理、伝達について、基礎的な訓練を、小学校・中学校のころから、みっちりとしこんでおくべきである」との指摘と同様であり、同時に「学び方を学ぶ」場としての学校図書館の重要性の指摘でもあります。「学び」と「学び方の学び」と「学校図書館」とが、一本の線で結ばれています。

そして、この書にも「主体的学習」という用語が、「生涯学習」の観点から登場します。その「主体的学習」とは、課題を自ら解決したいという意欲、解決方法を自ら工夫し自分で解決するという学習態度を指すと説明されています（注37）。そして同書では、利用指導（利用と指導）の目標の一つとして「自ら考え、正しく判断する主体的な学習態度の育成」を掲げています（注38）。「自ら考え、正しく判断できる」子ども像は、既述のように一九七六年に出された教育課程審議会答申のキーワードで、この書の七年前の答申です。

一九九〇年代に入ってから出された「学び方の学び」の重要性を指摘した文部省関連の文献も

紹介したいと思います。学校図書館の「学習・情報センター」論と関わった報告書（「児童生徒の読書に関する調査研究協力者会議報告書」一九九五年）です。同報告書では、「学習情報センターとしての学校図書館」という項目のなかで、「主体的学習」「情報を収集・選択・活用する能力」について、次のように述べています（注39）。

これからの学校図書館は、子供の主体的学習活動を支える場として、いわゆる学習センターという機能を効果的に発揮していくことが極めて重要である。また、社会の情報化が進展する中で、情報を収集・選択・活用する能力を育成することが重要になっており、学校図書館の持ついわゆる情報センターとしての機能を充実することも必要である。

「子供の主体的学習活動を支える」という観点から学習センターが、「情報を収集・選択・活用する能力を育成する」という観点から情報センターがそれぞれ論ぜられ、これらを合体した概念として、学習情報センターが提起されています。

二十一世紀に入り、学習・情報センターの教育的機能を改めて提起した報告書（「これからの学校図書館の活用の在り方等について」）が出されました（二〇〇九年）。そのなかに、「学習・情報センター」としての機能と関連し、次のような指摘があります（注40）。

学校図書館は、児童生徒の自発的、主体的な学習活動を支援するとともに、情報の収集・選択・活用能力を育成して、教育課程の展開に寄与する「学習・情報センター」としての機能を果たす。

そして、その機能の具体的発揮として、子どもの主体的な学習活動を支援する次のような事項が列記されています。

○　学校図書館で、図書やその他の資料を使って授業を行うなど、教科等の日常的な指導において活用される。
○　教室での授業で学んだことを確かめ、広げ、深める、資料を集めて、読み取り、自分の考えをまとめて発表するなど、児童生徒の主体的な学習活動を支援する。
○　図書や新聞、インターネット等のデジタル情報など多様なメディアを提供して、資料の探し方・集め方・選び方や記録の取り方、比較検討、情報のまとめ方等を学ばせる授業の展開に寄与する。

こうした学習は、当然にも、知識を一方的に教え込むことになりがちであった教育から、子どもが自ら学び、自ら考える教育への転換を内在化しています。そして、こうした学習が成り立つには、学びの場としての学校図書館が不可欠です。また情報活用能力の指導も重要となってきます。学校図書館は、こうした能動的な力の獲得を支援しながら、子どもの自主的で主体的な学びを保障する学習環境なのです。

四　「主体的・対話的で深い学び」の一つのプロセス

「主体的・自主的」な学びは、物事を「自分で判断する」際の重要な要件でもあります。先の文部科学大臣の諮問には、わが国の子どもたちが、「判断の根拠や理由を示しながら自分の考えを述べることについて課題が指摘」されると述べられています。しかし、「判断の根拠や理由を示す」には、与えられた情報のみに依拠するのではなく、学習者（子ども）自らが、様々な情報源を基に、読み比べ見比べしながら、納得して解決への道を発見することが必要です（注41）。

この情報の検索・入手から発表（情報の再生産）は、質的転換答申が例示したアクティブ・ラーニングの具体的授業（ディスカッションやディベートなど）が、効果的に行われるための不可欠な要件です。何よりも、学習者各自がそうした授業に参加するためには、事前に情報を検索・入手し、事後に確認しておくことなしに、「アクティブ」な学習形態の内実を豊かにすることは困難です。「学び方の学び」が自らの手中に取り込まれたとき、そこから得た情報は、確かな思いとともに、学習者の体内に入り込んでくるのです。そして、「今度わからないことがあったら、自分で調べてみよう！」との思いを抱くこととなるのです。その意味において、次のような学びは、「学び方の学び」を通じ、「主体的・対話的で深い学び」につながるプロセスの一例です。

㈠　学習者は、授業で生じた課題（さらには日常生活における興味・関心）に関する情報を図書館資料など様々なメディアを使い検索し入手する。その際、学習者個々人のみでの検索にとどまらず、他の学習者と話し合い（相談、意見交流）を重ね、さらに時に応じて教授者や学校社会以外の人（地域）の助力も得ながら検索・入手する。

㈡　入手した情報を既知の知識や情報（各教科等や経験を通じて得た概念や思考、技術）と結びつけながら、読み比べ見比べ（分析）、加工し、自分のオリジナルな思考・考察を加えて発表（表現）する。その際、納得してもらえる発表（メディア）方法を検討する。分析・加工が「協働的」作業を通じて行われるなら、より効果的な学びを体得することが可能となる。

㈢　発表を通じて、他の学習者や教授者とのディスカッションを行う。そこで、自分とは違うものの見方や考え方に触れ、新たな自己の思考を問い直し、新たな発見・創造に向かう。また同時に、一個の事象にも多様な意見のあることを再確認し、それらの意見を尊重する態度を培う。

こうした学びは、特定の教科・科目だけではなく、すべての学びを根底から支える原理として把握することが重要だと思います。

第六節　若干の課題について

本章の最後に、「主体的・対話的で深い学び」と関わり、課題点について若干論じたいと思います。

一　用語の概念規定と関連し

第一は用語（概念）の問題です。本章でも、「アクティブ・ラーニング」という用語を何度も使用してきました。しかし、わが国において、この用語が教育行政にも使用されることとなった直接の契機は、既述のごとく質的転換答申にあり、その初等中等教育への拡大は文部科学大臣の諮問にあります。そして昨年（二〇一六年）出された中央教育審議会答申では、「「主体的・対話的で深い学び」の実現（「アクティブ・ラーニング」の視点）」との表記で、括弧書きでこの用語が使用されています。

しかし新要領には、この用語は登場しませんでした。その理由について、（既述のように）文部科学省の担当者は、「学習指導要領は広い意味での法令にあたり、定義がないカタカナ語は使えない（略）、多義的な言葉で概念が確立していない」と説明しています。確かに、アクティブ・ラーニングという用語は頻出度が高いにもかかわらず、その内容は一義的ではありません。「その具体的実践や学びのありようの認識はきわめて多様なものであり、混乱の中での乱立となっている」（注42）状態です。それだけに、学習指導要領にこの用語を使用する際は、丁寧な概念規定が求められたと思います。

しかし、「主体的・対話的で深い学び」（カタカナ語ではありませんが）も、その概念規定は明確であるようには思えません。「主体的、対話的、深い」の三語は、それぞれ固有の概念ですが、この三語を連結し「学び」と結び付けた「主体的・対話的で深い学び」は、学習指導要領の論議のなかで新たに考え出された語、すなわち「新語」です。

そしてこの用語は、常に三語「一体」（連結語）の用語として登場しています。それだけに、この三語の相互関連がどうなのかも気になる点です。その点に関し、ある文部科学省の視学官は、この三語の関係について「上下関係」はないと解説しています（注43）。

しかし「主体的」という用語は、教育の世界では頻出度の高い用語で、学校教育法にもこの用語が出てきます。同法第三十条二項です。同項では、小学校においては、基礎的な知識及び技能の習得、思考力・判断力・表現力等の能力の育成と並んで「主体的に学習に取り組む態度を養うことに、特に意を用いなければならない」と規定されています（注44）。「主体的に学習に取り組む態度」の育成は、法に規定された事項です。

その「主体的」という用語は、これまでの教育改革の基軸となる概念の一つです。たとえば、「生きる力」を構成する三要素の中心概念である「確かな学力」は、「知識や技能はもちろんのこと、これに加えて、学ぶ意欲や自分で課題を見付け、自ら学び、主体的に判断し、行動し、よりよく問題解決する資質や能力等まで含めたもの」と説明されています。「主体的な判断、行動」は、「確かな学力」の重要な要素として位置づけられています。

それに対して、「対話的な学び」「深い学び」は、用語としては「新しい」用語です。しかし、その意味するところは、これまでの学校教育のなかで、取り組まれてきた実践の延長上にありそうです。「子供同士の協働、教職員や地域の人との対話、先哲の考え方を手掛かりに考える」（対話的な学び）、こうした学び方の幾つかは、日々の授業においてこれまでも採られていた学習方法です。「先哲の考え方」という聞きなれない言葉を用いなくても、「知りたいこと」を自ら図書館資料を始め、各種のメディアを駆使して調べることは、既述のように学校図書館を活用した学習方法の代表例です。また「知識を相互に関連付けた理解、情報の精査・考えの形成」など（深い学び）の学びも、学習を進めるなかで、授業の工夫・展開と関連して採られてきた「学びの過程」です。もちろん、こうした「学びの過程」は「知識の注入型」教育とは別個の「学びの方法」であることは、当然のことです。それだけに、今後「主体的・対話的で深い学び」という用語が、どのような内容を込めた用語として概念規定されるのか、それはこれから現場で実践する学校（個々の教員）の理解にかかっていると思います。

ベネッセ教育総合研究所が行ったある調査（「小学校・中学校・高校における学習指導の実態と教員の

意識」）があります。全国の公立小中高校と私立高校の教員と校長を対象に、二〇一六年八月～九月に実施した調査です（回答数約一万八千人）。その調査結果を報じた新聞（『朝日新聞』二〇一七年三月二十六日）の見出しは「「主体的・対話的な授業」手探り」「グループ活動には力」「質疑応答あまり意識せず」となっています（注45）。この調査について、同研究所の研究員は「子ども同士の学び合いの意識は高まったが、先生の関わり方が少ないという印象を受けた。深い学びにつながる授業への転換が求められる」とコメントしています。また、監修者のある研究者は「授業の形態の変化が深い学びに結びついているのか、そもそも成果をどうやって測るのか、検証が必要だ」と話しています（『朝日新聞』二〇一七年三月二十六日）。

その意味において、この「主体的・対話的で深い学び」という用語は、誕生したばかりなのです。その概念規定が、教育界で、そして何よりも現場で「市民権」を得るには、さらなる論議が必要だと思います。

二　学校図書館における「学び方の学び」と関連し

第二は、「主体的・対話的で深い学び」を実践する指導者（教師）と関わる件です。

質的転換答申が指摘したように、「教育方法の転換」は、初等中等教育を含めて教授者自身の「教育能力の涵養」とセットです。教授者（学級担任、教科担任、司書教諭など）自身が、主体的な子どもを育てるには、「学び方の学び」が重要であることを認識し、学校図書館を軸に「学び方の学び」を指導することが不可欠です。

現行学習指導要領は、学校図書館を計画的に利用しその機能の活用を図ることによって、「児童の主体的、意欲的な学習活動や読書活動を充実する」と述べています。そして、新要領では既述のように「主体的・対話的で深い学び」の実現に向けた授業改善に、学校図書館の利活用を図ることが求められています。そのためには、何よりも個々の教員に、日々の授業のなかで学校図書館を活用しようとする意識とその実践が問われます。日々の授業が学校図書館との結びつきを欠いたなかでは、「『主体的・対話的で深い学び』の実現に向けた授業改善」に学校図書館が利活用されることはありません。しかし、学校図書館は、その学習方法（教授方法）と結びついた教育環境です。本来「学びの過程」は、多様な思考方法、検索、検討、協議などの同時的、あるいはタイムラグを伴った過程です。「あれこれ」と試行錯誤の繰り返しの過程です。学校図書館は、そうした学習を、資料と「人」のサービスを通じて支援する有力な教育環境です。この改訂を機に、改めて学校図書館機能を再発見する、そして教育課程のなかに学校図書館の利活用の時間を根づかせることが必要であるように思います。

「日本の高校生は―勉強姿勢受け身？　人生目標控えめ？」というタイトルの新聞記事が載りました（注46）。国立青少年教育振興機構が、今年（二〇一七年）三月十三日に発表した調査結果です。日本、米国、中国、韓国の四カ国で、昨年九月から十一月にかけて行った高校生を対象とした調査結果です（有効回答数七八五四人）。それによりますと、「問題意識を持ち、聞いたり調べたりする」は、〈日本〉一二・三％、〈米国〉三四・五％、〈中国〉五二・七％、〈韓国〉一〇・四％です。「教わったことをほかの方法でもやってみる」は、〈日本〉七・五％、〈米国〉四五・八％、〈中国〉二五・九％、〈韓国〉一〇・四％です。同記事では、調査に関わった専門家の意見として「勉強が受け身になる背景として、生徒が能動的に学ぶ授業が少ないことが考えられる」と指摘しています。

このような現象は、わが国教育の長年の傾向です。今から約二十年前（一九九八年）の教育課程審議会答申では、次のような課題が指摘されていました。ＩＥＡ（国際教育到達度評価学会）の国際調査結果を基にした指摘です（注47）。

過度の受験競争の影響もあり多くの知識を詰め込む授業になっていること、時間的にゆとりをもって学習できずに教育内容を十分に理解できない子どもたちが少なくないこと、学習が受け身で覚えることは得意だが、自ら調べ判断し、自分なりの考えをもちそれを表現する力が十分育っていないこと、一つの正答を求めることはできても多角的なものの見方や考え方が十分ではない（略）などの問題である。

「学びが受け身」であるとの指摘です。「一つの正答を求めることはできても多角的なものの見方や考え方が十分ではない」との指摘です。「自ら調べ判断する」、改めて「学び方の学び」の必要性を実感します。それは、学校図書館機能の発揮と深く関わっているのです。

三　「批判的思考を促す」と関連し

第三は、「批判的思考を促す」指導と「主体的学び」との関連についてです。「主体的な学び」の重要性は、多くの教員が認識していますが、そのような「学び」を引き出すことに対し、わが国の教員の意識はどうなっているのでしょうか。その点に関し、経済協力開発機構（OECD）が実施した「国際教員指導環境調査」（TALIS : Teaching and Learning International Survey）結果が、ある示唆を与えてくれそうです。この調査は、学校の学習環境と教員の勤務環境に焦点を当てた国際調査で、二〇一三年に実施された第二回調査には日本を含む三四カ国・地域が参加しました。調査対象は、中学校及び中等教育学校前期課程の校長及び教員で、日本の参加状況は、全国一九二校、各学校約二〇名（校長一九二名、教員三五二一名）です。

それによりますと、「主体的な学びの引き出しに自信を持つ教員の割合」は、次のようになっています（注48）。

「批判的思考を促す」……………………〈日本〉一五・六％、〈参加国平均〉八〇・三％

「勉強ができると自信を持たせる」……〈日本〉一七・六％、〈参加国平均〉八五・八％
「関心を示さない生徒に動機付け」……〈日本〉二一・九％、〈参加国平均〉七〇・〇％
「学習の価値を見いだす手助け」……〈日本〉二六・〇％、〈参加国平均〉八〇・七％

これらの項目は、いずれも「主体的」な学びと深く関わる項目ですが、どの項目についても、わが国の教員の自信の低さが際立っています。

特に「批判的思考を促す」ことに対する自信の低さは、「主体的・対話的で深い学び」の根底を揺るがす問題です。とりわけ新要領は、「知識を相互に関連付けてより深く理解したり、情報を精査して考えを形成したり、問題を見いだして解決策を考えたり、思いや考えを基に創造したりすることに向かう過程を重視した学習の充実を図る」ことを指摘していますが、「批判的思考」がなければ、「知識を相互に関連付けてより深く理解」することなどは不可能です。教師に、こうした指導力（自信）がない場合には、子どもは「所与」の知識の記憶に終始することになりがちです。

また「批判的思考」の重要性は、疑問や興味・関心と一体です。「なぜだろう？」が、次の「学び」を誘引するのです。ですから「関心を示さない生徒に動機付け」することは、「批判的思考を促す」ことと深く関わり、その疑問や興味は「知識の注入型教育」を転換する大きな起動力となるのです。しかし、その指導に対するわが国教員の自信は二一・九％、参加国の三分の一です。

それは、これまでの教育の結果を体現しているのかもしれません。子どもの興味・関心は後景に追いやられ、「問」と「答」が一直線で結ばれる教育（「知識の伝達型教育」）が、わが国教育の主流だったことの証左でもあります。

「批判的思考」の重要性は、本書の第一章でも詳述しましたが、戦後教育の出発点です。戦後教育改革の方向性を示した『新教育指針』（文部省、一九四六年）は、戦争を起こした要因の一つが「日本国民は批判的精神に乏しく権威に盲従しやすかった」からだと述べ、これからの教育においては、「教師が教へるところに生徒が無ひはん的にしたがふのではなく、生徒が自ら考へ自ら判断し、自由な意思をもつて自ら真実と信ずる道を進むやうにしつけることが大切である」（注49）と述べていました。「批判的精神」の育成が大切だとの指摘です。

それだけに、子どもの「批判的思考を促す」には、教師自身が「批判的思考」を有していることが不可欠です。たとえ、教師自身がどんなに多くの情報を得ていても、教師自身がそれらの情報を「批判的に読み解く」ことなくして、子どもに「批判的思考を促す」ことも「深い学び」を実現することもできません。いや「対話的な学び」もできません。「子供同士の協働、教職員や地域の人との対話」（対話的な学び）のなかで登場する様々な見解、その見解には課題に対する「批判的見解」も多々あると思います。しかし、教師自身に「批判的思考を促す力」「批判的思考を許容する力」が備わっていなければ、そうした「学び」は成り立ちません。

そして、「批判的に読み解く」ことは、メディアリテラシーの基本です。図書館資料を検索する際も、読み比べ見比べして、その情報が「自己に合致した情報」か否かを確認することになりますが、読み比べ見比べする行為には、当該情報の真偽、正否、是非などの判断が含まれています。そしてそうしたプロセスを担保するのが「批判的思考」なのです。「学び」が「知識の注入型教育」から脱するためには、「批判的思考」を促す指導が内在化されていなければならないのです。それだけに、「主体的・対話的で深い学び」が「授業改善」に向けた「学び方の学び」になるためには、教師自身が「主体的・対話的で深い学び」を身につけていることが必要です。そして、それは学校全体が、そうしたことが実現できる状態になっているかも問われているのです。

学習指導要領の改訂案が発表（二〇一七年二月十四日）になった翌日に、「「深い学び」の授業には、教員の創意工夫が欠かせない。（略）ポイントとなるのが「カリキュラム・マネジメント」だ。教員が個々で取り組むのではなく、連携し、学校全体の教育力を高めるというイメージだ」との意見が新聞に掲載されました（注50）。今回の改訂に向けた答申をまとめた中央教育審議会教育課程部会長の意見です。カリキュラム・マネジメントとは、「教育課程に基づき組織的かつ計画的に各学校の教育活動の質の向上を図っていくこと」です（新要領）。「批判的思考を促す」ことは、「主体的・対話的で深い学び」を実現するための大きな要因ですが、それもまた「教員が個々で取り組むのではなく、連携し、学校全体の教育力を高める」なかで取り組むべき課題、すなわち、カリキュラム・マネジメントの問題でもあるのです。

四　子どもの現状と関連し

第四は、このような「学び方の学び」を担う子どもの現状です。新要領に先立つ答申（二〇一六年十二月二十一日）は、その目的を次のように述べています。

本答申は、二〇三〇年の社会と、そして更にその先の豊かな未来において、一人一人の子供たちが、自分の価値を認識するとともに、相手の価値を尊重し、多様な人々と協働しながら様々な社会的変化を乗り越え、よりよい人生とよりよい社会を築いていくために、教育課程を通じて初等中等教育が果たすべき役割を示すことを意図している。

自分の価値観の認識、相手の価値観の尊重、多様な人々との共存、これらはとりわけ今日の社会（特にグローバル化した社会）において重要なことです。そして、これらの事柄は、その時代の政治・経済・社会の状況と深く関わっています。

特に、多様な人々との共存は、教室外の世界で、とりわけ実感することです。自分の価値観と他人の価値観との論争、共感、反発、納得などのプロセスを経ることが、「二〇三〇年の社会と、そして更にその先の豊かな未来」において重要なことだと思います。そのためには、子どもの意見は「教室」（学校）の外との「対話」としても尊重される必要があります。「対話的」学びには、学校外（地域の人など）の人との「対話」も例示されています。そして「社会との連携・協働」（答申）もうたわれています。また「三つの視点」を通じて育成する資質・能力の一つの要素に、「どのように社会・世界と関わる」かという視点もあります。

そして、何よりも「想定外の事態」（質的転換答申）は、学校の外で起きるものです。そのとき、子どもは子どもなりに、その事態を正確に把握し対処方法を考え出す術を身につけているべきです。十八歳への選挙権年齢の引き下げは、そうしたことを一層重要視しています。

五　実現の「手立て」と関連し

第五は、アクティブ・ラーニング（「主体的・対話的で深い学び」）が、学校現場で実践されるための「手立て」についてです。

学習指導要領の改訂案が発表（二〇一七年二月十四日）されると同時に、新聞各紙は「識者」の意見を掲載しました。そのなかに、二〇一三年まで八年間、中央教育審議会委員を務めたある人の意見が載りました。「今後の大きな課題は「条件整備」だ」として、次のように述べています（注51）。

各教科ごとの「主体的・対話的で深い学び」やカリキュラム・マネジメントは大切だが、その効果を生む人的、時間的な余裕が今の学校現場にあるだろうか。学校がパンク状態となれば授業の進度は遅れる。子ども一人ひとりに目配りできない状況が深刻化し、家庭の経済状況次第では学力格差が広がる懸念もある。

現場での「人的、時間的余裕」への懸念、ひいては「学力格差」の拡大への懸念です。「学び方の学び」が効果的に実施されるには、「人」と「時間」が必要です。しかし、わが国の教員の勤務時間の長さは、これまでも各所で指摘されてきましたが、先のOECDが実施した「国際教員指導環境調査」によりますと(注52)、「一週間あたりの勤務時間」は、日本は五三・九時間(参加国最長)、参加国平均では三八・三時間です。参加国平均の一・四倍の長さです。また文部科学省の調査(二〇一七年四月発表)によりますと、小学校教諭は平均で平日一日あたり一一時間一五分、中学校教諭は同一一時間三二分の勤務時間です。この数値は十年前(二〇〇六年)と比較し、小学校教諭の場合は一日あたり四三分増加、中学校教諭は同三二分増加しています。増加の理由は「脱ゆとり」による授業時間の増加によるもので、「教育現場が深刻な長時間労働に支えられている実態が、改めて裏付けられた」といえます。調査は二〇一六年十月から十一月、全国の小中学校四〇〇校ずつを抽出して行われ、小学校八九五一人、中学校一万六八七人から回答を得た調査結果です(『朝日新聞』二〇一七年四月二十八日)。そして、この勤務時間の長さは、学校だけで解決するには限界がある問題であり、個々の学校の「カリキュラム・マネジメント」が全面的に働きにくい問題でもあるのです。

「方向性は示した。これからは学校現場の出番だ」。そうなっては、「方向性」そのものも水泡に帰することになります。現行学習指導要領では、「言語活動の充実」がキーワードとして提起され、学校図書館には各教科の基盤を形成する言語活動の支援が期待されました。そのとき、根本彰（東京大学大学院教育学研究科教授―当時）（注53）は、「文部科学省のスタンスがこのような課題解決と探究的な学習を振興し、学校図書館をそのための拠点として積極的に位置づけようとしていることは明らかである」と評価しつつも、「学校図書館関係者にとって、このような新学習指導要領を手放しで歓迎することはできないだろう」と評しました。その理由は「本当にそれが可能な体制になっているとは言えないからである」と述べ、特に「人的な手当」について疑問を呈していました。

一九六〇年代に、学校図書館の資料（教材）センター構想が登場しました。この構想に最初から関わった深川恒喜（元文部省教科調査官）は、構想発表十九年後（一九七七年）に、「筆者の最近までの見聞の中では、図書と、視聴覚資料とが、有機的関連的に、教育理論の中にくみ込まれて、文字どおりの資料センターとして経営されているところは、まことに少ない」と述べるにいたりました（注54）。構想は「〃人〃の問題の未解決を内包したまま、全国的にはほとんど定着することがなかった」のです（注55）。教育の問題は、「人」の問題（それは「時間」の問題でもありますが）を見過ごしては成り立たないのです。

どんな理念（構想）も、それを実現するためには、その理念（構想）が多くの人の共感を獲得し、その実現のための様々な手立て（条件）が用意されることが必要です。特に「人」の手立ては極めて重要な要件です。日々の教育実践も学校図書館も、そして学習指導要領の具体的展開も……。

六　読書活動の充実と関連し

第六は、読書活動の充実との関連についてです。

現行学習指導要領のキーワードは「言語活動の充実」です。思考力、判断力、表現力、さらには主体的な学習態度、個性を生かす教育の充実などを実現する際に考慮すべき事項として「言語活動の充実」が掲げられています。

しかし、「学び方の学び」もまた、その言語活動と深く関連しています。「ことば」の獲得は学びの起動力であり、そのことばを通じて、他者や他の世界と、そして過去と未来との対話が可能となるのです。そして、そのことばの獲得は、読書によって培われることが多いのも事実です。答申も、言語能力の育成との関連で「読書は、多くの語彙や多様な表現を通して様々な世界に触れ、これを疑似的に体験したり知識を獲得したりして、新たな考え方に出会うことを可能にする。このため、言語能力を向上させる重要な活動の一つとして、各学校段階において、読書活動の充実を図っていくことが必要である」と指摘しています。

その意味において、「主体的・対話的で深い学び」（アクティブ・ラーニング）の根底には、読書をベースにした言語能力の育成という課題が横たわっています。そして、その言語能力を培う有力な教育環境が学校図書館です。「教育課程の展開に寄与する」「健全な教養を育成する」という学校図書館法（第二条）の目的を改めて確認し、その精神を実行することが、「主体的・対話的で深い学び」を実りあるものとし、今日の教育課題に応える大きな方向性でもあると思われます。

七　学習指導要領の「性格」と関連し

(1)「試案」から「告示」へ

本章の最後に、学習指導要領の「性格」及び近年の教科書検定の「現状」と関連し、「主体的・対話的で深い学び」について述べたいと思います。

学習指導要領は、これまでほぼ十年ごとに改訂を重ねてきました。その最初の学習指導要領（一九四七年）と第一次改訂（一九五一年）は、「試案」としての性格を有していました。最初の学習指導要領の「序論」に記された次の記述は、そうした性格を物語っています（注56）。

この書は、学習の指導について述べるのが目的であるが、これまでの教師用書のように、一つの動かすことのできない道をきめて、それを示そうとするような目的でつくられたものではない。新しく児童の要求と社会の要求とに応じて生まれた教科課程をどんなふうにして生かして行くかを教師自身が自分で研究して行く手びきとして書かれたものである。

学習指導要領は、教師が教育課程（このときは「教科課程」）を自主的に編成する際の参考書としての性格を有していました。次の学習指導要領（第一次改訂）も同様で、その性格が次のように述べられています（注57）。

学習指導要領は、どこまでも教師に対してよい示唆を与えようとするものであって、決してこれによって教育を画一的なものにしようとするものではない。（略）

学習指導要領は、児童や生徒の学習の指導にあたる教師を助けるために書かれた書物であって、教師が各学校において指導計画をたて、教育課程を展開する場合に、教師の手びきとして、教師の仕事を補助するものとして、役にたつものでなくてはならない。

こうした「試案」「手引」としての性格が大きく変化するのは、一九五八年の改訂においてです。この年出された学習指導要領には「試案」の二文字はなく、発表形式も文部省著作物から文部省告示（『官報』公示）となり、学習指導要領の法的拘束性の強調とともに、教育課程の基準としての性格が明確化されることとなりました。こうした変化の背後には、戦後約十年を経て、「わが国が、国際社会において新しい地歩を確保し、文化・科学・産業の急速な進展に応じて民族の独立と国家の繁栄を図る」（注58）ことが教育に求められたことがあります。占領からの独立、国際連合への加盟、そして時代は高度経済成長の入り口に立ち、科学技術教育の振興とそれに対応した教育が重視され始めました。教育行政は、政治的、経済的な二つの要因を内に、大きな政策の転換を始めたのです。また、内容的にも、戦後教育を主導した「新教育」の潮流としての経験主義や単元学習から各教科の系統性重視へと転換することとなりました。さらに、道徳の時間の特設、授業時間数の増加、科学技術教育の向上（算数、理科の充実）などの改訂も行われました。

この改訂（一九五八年）を機に、学習指導要領の「法的」性格をめぐり、憲法学、教育法学で大きな論争が起こりました。主要な論点だけでも、①法的拘束力説、②大綱的基準説、③指導助言文書説などがあり、このような見解の相違は、教育裁判（北海道旭川学力テスト、家永教科書、福岡伝習館高校など）における争点ともなっていました。

この対立は、具体的には、これまで「何を教えるか」に象徴的に現れていました。法的拘束力が強調され始めた一九五八年の学習指導要領（教育内容は一気に過密になりました）後に、学校図書館の「教材センター」論に関するある座談会（一九六一年）が行われました。その座談会で、司会を務めた全国学校図書館協議会事務局長（松尾弥太郎―当時）は、その学習指導要領について「指導しなければならないことが多すぎるんですよ。あの指導要領にあることを、教師がまともに扱っていたら、もうそれだけで、児童も教師も疲れ切ってしまう」と述べ、つづけて、座談会に出席していた深川恒喜（元文部省教科調査官）に、指導要領の中味を児童や地域の実態に即して「取捨選択してもいいのでしょうか」と質問しました。すると深川は、即座に「それはいけません。あれは、国で定めた指導の最低基準ですよ」と回答します（注59）。「疲れ切って」しまうような学習指導要領でも、その中味を児童や地域の実態に即して「取捨選択」することが認められなくなりました。改訂された学習指導要領は、教育現場から自由性を奪い始めていたのです。

しかし、この「何を教えるか」も、学習指導要領がどのような性格（基準の性格）を有しているかと深く関連しています。その基準は、長い間、これ以上教えてはダメという線引きがされていました。いわゆる「上限規定」です。ですから、これを逸脱した内容は「違反」として問題視されてきたのです。しかし、「ゆとり教育」への批判に対処するために出された文部科学省の「学びのすすめ」（「確かな学力向上のための二〇〇二アピール」）（注60）では、「学習指導要領は最低基準であり、理解の進んでいる子どもは、発展的な学習で力をより伸ばす」となりました。もちろん、学習指導要領と適切に関連し、学習指導要領の趣旨に逸脱しないことが前提ですが、「確かな学力向上」のために、学習指導要領は、「上限規定」から「下限規定」（最低基準）へと急展開したのです。

これらの問題は、教育行政がどこまで現場の指導に踏み込んでよいのかの問題でもあります。それだけに、一律に詳細な基準を定め、それに基づく指導を求めることが、自主的、主体的な子どもを育てることに繋がるのかも問われなければなりません。特に、今回の「主体的・対話的で深い学び」は、「どのように学ぶか」（学び方の学び）と関わった改訂です。これまでは、「教え方」については、その重要性にかんがみて、民間教育団体や個々の地域が、もちろん個々の学校（教師）

が、それぞれの地域や子どもの発達段階、興味・関心などを考慮・検討しながら、個別に工夫を重ね成果を上げてきた分野です。それを今次改訂では、「主体的・対話的で深い学び」という「学び方の学び」の「モデル」を提示して、「授業改善に生かす」ことを求めているのです。

こうした「手法」が、先に述べた「主体的な学びの引き出しに自信を持つ教員の割合」を増加させることにつながるのだろうかとの懸念も生じます。既述のように、特に「批判的思考を促す」ことに自信を持っている教員は、参加国（三四カ国・地域、八〇・三％）中、最低の一五・六％でした。このような傾向（「主体的な学びの引き出しに自信を持てない」）は、学習指導要領の法的拘束性の縛りのなかで、一層広がりをみせないだろうかとも思います。「知識の伝達・注入を中心とした授業」（質的転換答申）という「型」からの脱却を求めた改革が、「どのように学ぶか」（諮問）という新たな「型」としての「主体的・対話的で深い学び」という一種の「モデル」を提示することにより、学校現場の自由性を失うことにならないか懸念するところです。「これまでの学習指導要領と比べると、抑制的とはいえ非常に細かい部分まで書き込まれ、もはや従来の「大綱的基準」とは異なる印象だ。「こうやらないといけない」という受け止めが現場で起こるだろう。（略）次第にマニュアル化し形骸化する恐れはないか」（安彦忠彦「詳細な記述　マニュアル化の恐れ」『朝日新聞』二〇一七年二月十五日）との懸念も示されています。新要領を取り上げたある新聞には、「視点　対立する考え、どう扱うのか」とのタイトルで、次のような指摘が載っていました（注61）。

指導要領は法的な性格を持つ「大綱的な基準」とされ、文科省は教え方にふれるのを抑制してきた。その原則を超え、文科省が指導のあり方に言及することは、子どもの多様な実態に合わせて教える教員の裁量を縛りかねない。さらに慎重な議論が必要だ。

(2)「多様性の尊重」と「自ら考える」こと

そして、「何を教えるか」(内容)自体にも、大きな変化が押し寄せています。第一は、学習指導要領「解説書」の改訂です。中学社会科と高校の地理歴史、公民の解説書が改訂され(二〇一四年一月二十八日)、二〇一四年度の教科書検定から適用となりました。解説書は、学習指導要領の内容を明確にするために文部科学省が作成する教員向けの冊子であり、法的拘束力のない文部科学省の著作物ですが、各出版社が教科書編集の参考にしています。その解説書に従った教科書編成が求められることになったわけです。

第二は、教科書検定基準の改正です。教科用図書検定調査審議会は、文部科学省が示した「教科書改革実行プラン」に基づく検定基準の改正案を了承しました(二〇一三年十二月二十日)(注62)。具体的には、基準の改正案に、社会科(高校は地理歴史と公民)について、①未確定の時事的事象は特定の事柄を強調しすぎない、②近現代史で通説的な見解がない数字などを記述する場合はその旨を明示する、③政府の統一的見解や最高裁判所の判例がある場合はそれに基づいて記述する、の三点が加わりました。一部の委員から反対意見が出ましたが、修正はせず会合二回で検討を終えました。その一部の委員は、（教育基本法の目標の一つである）「国を愛する」について、「愛するがゆえに、国のかつての施策を批判する場合もある。それを不合格にすれば大問題になる」「通説とは何か、通説はあるのか、といったことを誰が判断するのか」「政府の統一見解を書くようにというが、政権によって教科書の記述がころころ変わっていいのか」と、多様性を狭める改正への危惧を述べていました（注63）。

今年（二〇一七年）のことです。新たに「特別の教科」となる始めての小学校道徳の教科書検定において、「パン屋」が「和菓子屋」に、「アスレチックの公園」が「和楽器店」に変更（差し換え）されました。文部科学省が、「学習指導要領の示す内容に照らして、扱いが不適切」と指摘したのを受け、出版社が改めた例だといいます（注64）。新聞各紙は、この道徳教科書の検定を取り上げました。「教科書強まる文科省関与」（『朝日新聞』二〇一七年三月二十五日）、「道徳、修正細部まで」「『価値観押し付け』の声」（『毎日新聞』同日）、「『考える道徳』遠く」（『東京新聞』同日）などの見出しが、新聞各紙に載りました（注65）。

既述の文部科学大臣の諮問では、「何を教えるか」（知識の質や量）の改善はもちろんだが、「どのように学ぶか」という学びの質や深まりを重視することが必要であると指摘されていました。しかし、「何を教えるか」について、このような「修正細部」までの現実を見ると、「どのように学ぶか」、すなわち「主体的・対話的で深い学び」が、その言葉通り「主体的」で「深い」学びになるのか、疑問をもたざるを得ません。その「学び方」そのものが「細部」にいたるまで指示されるのでは、現場は忖度をして、示された「モデル」に類似の「学び方の学び」を実践するのではないかとの杞憂を抱きます。

そして、このような教育への「介入」は、「多様性を尊重しつつ新しい価値観を創造する」との政府の考えと齟齬をきたさないのだろうかとも思います。政府は、二〇一三年六月に「教育振興基本計画」(閣議決定)を策定しています(注66)。そのなかで、わが国教育の「四つの基本的方向性」を提示していますが、その一番目は、「社会を生き抜く力の養成~多様で変化の激しい社会での個人の自立と協働~」となっています。そして、グローバル化や情報化の進展など多様化が一層進む社会を生き抜くには、「与えられた情報を短期間に理解、再生、反復する力だけではなく、個人や社会の多様性を尊重しつつ、幅広い知識・教養と柔軟な思考力に基づいて新しい価値を創造したり、他者と協働したりする能力等が求められる」と分析しています。更に、「一律の正解が必ずしも見いだせない社会では、学習者自身が、生涯にわたり、自身に必要な知識や能力を認識し、身に付け、他者との関わり合いや実生活の中で応用し、実践できるような主体的・能動的な力が求められている」とも述べています。

「主体的・対話的で深い学び」が、真に実践化されるには、何よりも学校教育において、多様性が認められることが前提です。学校教育で「一律」な教育内容を教えられた子どもが、「変化の激しい社会」「グローバル化」している社会のなかで、他者と「協働」関係を結ぶことはできません。「基本計画」と実際の政策との間に乖離があるように思われます。

学校教育は、言うまでもなく、教師にとっても子どもにとっても「心」と深く関わった営為です。その心を大切にすることは、本章でも何度も指摘しましたが「主体性、自主性」を尊重する、「自ら考え、自ら判断」することを大切にすることなのです。それは、戦後の教育が教えてくれたことです。それだけに、教育行政は子どもが「自ら考え、自ら判断」できるような環境を整え、教師はそうした環境の下で、子どもの前に立って欲しいと思います。

注

1　新学習指導要領は、小学校が二〇二〇年度、中学校は二〇二一年度から全面実施される。高等学校も二〇二二年度入学生から年次進行で実施する予定である。新要領では、小学校に新たに外国語活動が加わった。またこれまでは、教科外の活動であった道徳は、小中学校とも「特別の教科　道徳」として教科となり、教科書が使用されることになった。なお新要領は、文部科学省のホームページに掲載の「小学校学習指導要領」に基づいている。また本章では、小学校の学習指導要領を基本にしているため「児童」となっているが、中学校編では「生徒」である。なお学習指導要領の法的根拠は、学校教育法施行規則である。同規則第五十二条は、「小学校の教育課程については、この節に定めるもののほか、教育課程の基準として文部科学大臣が別に公示する小学校学習指導要領によるものとする」と規定している（中学校は第七十四条、高等学校は第八十四条に同様の規定がある）。学習指導要領は、この規定に基づき、文部科学省告示として官報に掲載される。また、「告示」として官報に掲載されたのは一九五八年の改訂からである。

2 中央教育審議会答申「幼稚園、小学校、中学校、高等学校及び特別支援学校の学習指導要領等の改善及び必要な方策等について」（二〇一六年十二月二十一日）（http://www.mext.go.jp/b_menu/shingi/chukyo/chukyo0/toushin/__icsFiles/afieldfile/2017/01/10/1380902_0.pdf）〔参照2017.2.20〕。

3 『朝日新聞』二〇一七年二月十五日

4 文部科学省『用語集』（http://www.mext.go.jp/component/b_menu/shingi/toushin/__icsFiles/afieldfile/2012/10/04/1325048_3.pdf）〔参照2017.2.20〕。

5 中央教育審議会答申「新たな未来を築くための大学教育の質的転換に向けて～生涯学び続け、主体的に考える力を育成する大学へ～」（二〇一二年八月二十八日）（http://www.mext.go.jp/component/b_menu/shingi/toushin/__icsFiles/afieldfile/2012/10/04/1325048_1.pdf）〔参照2017.2.20〕。

6 確かに、わが国の学生の学修時間の短さは様々な調査結果に現れている。ある調査によると「授業に関連する学修の時間（一週間あたり）大学一年生」は、〇時間が九・七％、一～五時間が五七・一％である（「中央教育審議会大学分科会大学教育部会審議まとめ（案）資料編 大学教育部会（第十二回）配付資料」）。（http://www.mext.go.jp/component/b_menu/shingi/giji/__icsFiles/afieldfile/2012/03/28/1319067_2.pdf）〔参照2017.2.20〕。しかし、学生の学修時間の少なさは、これまでの大学教育の在り方、雇用システムとも深く関わっている。また学生の「将来への自己展望」とも深く関わっている。「自分の未来」を描ききれない、自分の生活に充実感を持てない場合、「主体的に学習に取り組めない」状況がある。少々古いデータであるが、ある調査（東京大学大学院教育学研究科大学経営・政策研究センター「二〇〇七年全国大学生調査」）によると、「生活に熱意がわかない」学生は（「ときどきある」「よくある」を合わせて）五六・二%に上っている。また、「授業の内容についていっていない」も合わせると四九・四%、「授業に興味・関心がわかない」も六一・八%である。その要因は、自己にもあるだろうが、社会的要因も加わっていると思う。（http://ump.p.u-tokyo.ac.jp/crump/resource/kiso2008_01.pdf）［参照2017.2.20］。

7　文部省『新教育指針』、寺崎昌男編『日本現代教育基本文献叢書』（「戦後教育改革構想」第一期第二）（日本図書センター、二〇〇〇年）六～七頁

8　しかし、現行の教育基本法（二〇〇六年十二月二十二日全部改正）では、この「自主的精神に充ちた」（第一条）、「自発的精神を養う」（第二条）という文言はなくなっている。

9　「小学校、中学校及び高等学校の教育課程の基準について」（答申）（一九七六年十二月十八日）(https://www.nier.go.jp/kiso/sisitu/siryou1/all.pdf)［参照2017.2.20］

10　高村象平「教育課程改訂の考え方―答申の主張は『急がば回れ』方式―」『朝日新聞』一九七六年十二月三十一日

11　「教育改革に関する第四次答申（最終答申）」『臨教審だより』一九八七年八月臨時増刊号　第一法規　一二頁

12　戸部良一他著『失敗の本質―日本軍の組織論的研究』中央公論新社　一九九一年　三八八頁。本書の執筆者（六人）の多くは、「戦史研究者ではなくて、組織論や経営学、意思決定ない

し政策決定論、あるいは政治史や軍事史の研究に従事してきた者である」（二八頁）。

13 同書　二五頁

14 同書　三九三～三九四頁

15 同書　三九四頁

16 同書　三九五頁

17 ランガナタンの「図書館学の五法則」とは、次の法則である。
第一法則＝図書は利用するためのものである（Books are for use）
第二法則＝いずれの読者にもすべて、その人の図書を（Every reader his or her book）
第三法則＝いずれの図書にもすべて、その読者を（Every book its reader）
第四法則＝図書館利用者の時間を節約せよ（Save the time of the reader）
第五法則＝図書館は成長する有機体である（A library is a growing organism）

18 S・R・ランガナタン著、森耕一監訳、渡辺信一他共訳『図書館学の五法則』日本図書館協会　一九八一年　三〇五頁

19 同書　三〇五～三〇六頁

20 『朝日新聞』二〇一七年一月三十一日

21 「初等中等教育における教育課程の基準等の在り方について」（諮問）（http://www.mext.go.jp/b_menu/shingi/chukyo/chukyo0/toushin/1353440.htm）［参照2017.2.20］

22 内閣府「特集　今を生きる若者の意識～国際比較からみえてくるもの～」（http://www8.cao.go.jp/youth/whitepaper/h26gaiyou/tokushu.html）［参照2017.2.25］

23 また、こうした若者の意識は、別の調査でも明らかにされている。国立青少年教育振興機構が

行った「高校生の生活と意識に関する調査報告書—日本・米国・中国・韓国の比較—」（二〇一五年八月公表）である。この調査は、同機構が米国と中国、韓国の研究機関などと協力して高校生を対象に行ったもので、全体的に日本の高校生は自己肯定感が他国の高校生と比べて低く、自信のなさが浮き彫りになっている。たとえば、①「自分はダメな人間だと思うことがある」に対して、〈日本〉七二・五％、〈米国〉四五・一％、〈中国〉五六・四％、〈韓国〉三五・二％、②「自分の希望はいつか叶うと思う」に対しては、〈日本〉六七・八％、〈米国〉八三・九％、〈中国〉八〇・七％、〈韓国〉八二・六％、③「私は将来に対し、はっきりした目標をもっている」に対しては、〈日本〉五七・三％、〈米国〉八〇・九％、〈中国〉七五・四％、〈韓国〉五八・九％、である。これらの結果から明らかなことは、日本の高校生は他の三カ国の高校生と比較して、全体的に自尊心が低く、自己否定的（ネガティブ思考が強い）で、未来への希望・期待が低い結果となっている（http://www.niye.go.jp/kenkyu_houkoku/contents/detail/i/98/）［参照2017.2.20］。

24 しかし、この三点は現行学習指導要領における①基礎的・基本的な知識及び技能の習得、②課題を解決するために必要な思考力・判断力・表現力などの能力、③主体的に学習に取り組む態度の育成、などと基本的には大きな変化はない。

25 田村学「インタビュー「対話的な学び」とは何か？」『教職研修』二〇一六年九月号、教育開発研究所　二〇一六年　二十頁

26 中村和夫「人間にとっての学びとは何か」堀尾輝久他編『学校の学び・人間の学び』（講座学校五）　柏書房　一九九六年　一九頁

27 田村学「学習指導要領改訂の方向性とアクティブ・ラーニング」（http://www.sky-

school-ict.net/shidoyoryo/151218/)〔参照2017.2.20〕

28　第十六回国会参議院「文部委員会会議録第十二号」(一九五三年七月二十四日)「国会会議録検索システム」(http://kokkai.ndl.go.jp/SENTAKU/sangiin/016/0804/01607240804012.pdf)〔参照2017.2.20〕

29　教育課程審議会「幼稚園、小学校、中学校、高等学校、盲学校、聾学校及び養護学校の教育課程の基準の改善について」(答申)(一九九八年七月二十九日)(http://www.mext.go.jp/b_menu/shingi/old_chukyo/old_katei1998_index/toushin/1310294.htm)〔参照2017.2.20〕

30　梅棹忠夫『知的生産の技術』岩波書店　一九六九年　一～三頁　二一七頁

31　図書館情報学ハンドブック編集委員会編『図書館情報学ハンドブック』第二版　丸善　一九九九年、三五〇頁

32　「中央教育審議会教育内容等小委員会審議経過報告」『季刊教育法』第五一号　一九八四年　エイデル研究所　一六五頁

33　全国学校図書館協議会提言委員会編『学ぶものの立場にたつ教育を—二一世紀を生きる教育—教育改革への提言』全国学校図書館協議会　一九八五年　二〇頁

34　全国学校図書館協議会利用指導委員会編『自学能力を高める学校図書館の利用指導』全国学校図書館協議会　一九八二年　九頁

35　同書　九頁

36　文部省『小学校、中学校における学校図書館の利用と指導』ぎょうせい　一九八三年　三頁

37　同書　一一頁

38　同書　一二頁

39　同報告は、全国学校図書館協議会編『学校図書館の法規・基準』（全国学校図書館協議会　一九九七年　六九～八二頁）に所収。

40　子どもの読書サポーターズ会議「これからの学校図書館の活用の在り方等について」（報告）（http://www.mext.go.jp/a_menu/shotou/dokusho/meeting/__icsFiles/afieldfile/2009/05/08/1236373_1.pdf）［参照2017.2.20］

41　子どもが、様々な情報を読み比べ見比べしながら、納得して解決への道を発見する際に、「情報・メディアを活用する学び方の指導体系表」（全国学校図書館協議会　二〇〇四年）が、重要な資料となる。

42　秋田喜代美「子どもの学びと育ち」『教育の再定義』（岩波講座　教育　変革への展望一）岩波書店　二〇一六年　一一六頁

43　前掲「インタビュー「対話的な学び」とは何か？」二〇頁

44　中学校は第四十九条、高等学校は第六十二条に準用規定がある。

45　この新聞記事は、次のデータを下にしている。「第六回学習指導基本調査 DATA BOOK（小学校・中学校版）［2016年］」（http://berd.benesse.jp/shotouchutou/research/detail1.php?id=5080）［参照2017.2.20］。

46　『朝日新聞』二〇一七年三月十四日

47　教育課程審議会「幼稚園、小学校、中学校、高等学校、盲学校、聾学校及び養護学校の教育課程の基準の改善について」（審議のまとめ）（一九九八年六月二十二日）（http://www.mext.go.jp/b_menu/shingi/old_chukyo/old_katei1998_index/toushin/1310282.htm）［参照2017.2.28］

48 「ＯＥＣＤ　国際教員指導環境調査（TALIS）のポイント」(https://www.nier.go.jp/kenkyukikaku/talis/imgs/talis_points.pdf)［参照2017.2.20］。

49 『新教育指針』（『戦後教育改革構想Ⅰ期二』日本現代教育基本文献叢書（日本図書センター二〇〇〇年に所収）七頁

50 無藤隆「「自ら学ぶ方法」工夫した授業で」『朝日新聞』二〇一七年二月十五日

51 安彦忠彦「詳細な記述　マニュアル化の恐れ」『朝日新聞』二〇一七年二月十五日

52 前掲「ＯＥＣＤ　国際教員指導環境調査（TALIS）のポイント」

53 根本彰「学校図書館の重要性を示唆する新学習指導要領」『学校図書館』第六九三号　全国学校図書館協議会　二〇〇八年　一八頁

54 深川恒喜「視聴覚と図書館との神仏習合は、成るか成らざるか―メディアセンターへの展望―」『視聴覚教育』第三一巻第一号　日本映画教育協会　一九七七年　六六頁

55 全国学校図書館協議会『学校図書館五〇年史』編集委員会編『学校図書館五〇年史』全国学校図書館協議会　二〇〇四年　四五～四六頁

56 文部省『学習指導要領一般編』中等学校教科書株式会社　一九四七年　二頁

57 文部省『学習指導要領一般編（試案）』明治図書出版株式会社　一九五一年　一頁

58 この時の改訂と関わる教育課程審議会での文部大臣の挨拶の一部（一九五七年九月十四日）。『文部時報』第九六三号　帝国地方行政学会　一九五七年　四〇頁

59 座談会「教材センター論をめぐって」『学校図書館』第一二七号　全国学校図書館協議会　一九六一年　一六～一七頁。このときの深川の肩書きは、東京学芸大学助教授である。

60 「確かな学力向上のための二〇〇二アピール「学びのすすめ」」(http://www.mext.go.jp/a_

menu/shotou/actionplan/03071101/008.pdf)［参照2017.2.20］

61 『朝日新聞』二〇一七年三月四日

62 教科用図書検定調査審議会「教科書検定の改善について」（審議のまとめ）（二〇一三年十二月二十日）(http://www.mext.go.jp/component/a_menu/education/detail/_icsFiles/afieldfile/2014/01/14/1343252_01.pdf)［参照2017.2.20］

63 『朝日新聞』二〇一三年十二月十二日

64 『朝日新聞』二〇一七年三月二十五日

65 この差し替えについて、「池上彰の新聞ななめ読み」では、「忖度が生んだ「和菓子屋」」との題で、「文科省は細かい点を指摘し、その後の修正は教科書会社に任せる。その結果、教科書会社は文科省の顔色をうかがって忖度し、「和菓子屋」や「和楽器店」を持ち出す、という構造になっています」と解説している（『朝日新聞』二〇一七年三月三十一日）。他方、文科省の担当者は、「文科省が書き直しを指示していない。誤解だ」「個別の記述の変更はあくまで教科書会社の判断だ」と述べている（『朝日新聞』二〇一七年四月六日）。

66 「教育振興基本計画」（二〇一三年六月十四日、閣議決定）(http://www.mext.go.jp/a_menu/keikaku/detail/_icsFiles/afieldfile/2013/06/14/1336379_02_1.pdf)［参照2017.2.20］

第三章　「セーフティネット」としての学校図書館

―子どもの「学び」と「育ち」を支える

第一節　〈いずれの読者にもすべて、その人の図書を〉

一　学びの「セーフティネット」の構築

本を読んで、笑った、泣いた、感動した。本に勇気をもらい、生きる元気を得た。本を読んで自分以外の人のことを知り、この国や世界を知った。本は、実に多くの人に様々な「思い」を伝えてくれます。特に子どもにとっては、成長を支えるビタミン、ミネラル、たんぱく質です。その栄養を、成長・発達の可能態としてのすべての子どもに届けたい。

「感動にも旬がある」。「人生を変えた本に出会いましたか」というアンケート（注1）（回答者三〇三八人）があります。その内「はい」が四二％で、「いいえ」は五八％でした。私の印象としては、約半数の人が「はい」と答えたことには驚きでした。その本を「いつ読んだか」も質問しています。十代以下四四％、二十代二五％、その後の比率は急速に減少し、七十代以上は五％になっていきます。「感動にも旬がある」、その「旬」のときにこそ、素晴らしい栄養を届けたいと思います。

しかし、その本をどのようにして子どもに届けるのでしょうか？　「読書の町」恵庭市（北海道）は、二〇〇一年四月よりブックスタートを完全実施し、乳幼児健診時に「絵本」などをプレゼントしています。行政が、赤ちゃんのときから子どもの読書に関わり、子育てを支援し、本に親しむ機会を設けているのです。また全国各地では、読み聞かせボランティアの活動も盛んです。幼児期からの読み聞かせ体験は、楽しみを通じて、子どもの成長を支えています。そして、地元の公立図書館の利用は、子どもが本と触れ合う絶好の機会です。近年の公立図書館は、児童サービス、ヤングアダルトサービスなども盛んです。子どもが、本に触れ合う機会は、それなりにありそうです。でも、その触れ合いが日常的であることがとても重要です。読みたいときに本を読める、本を手に取れる、そうした環境がとても重要なのです。そうしたことを思うと、学校図書館は子どもの日常的な学校生活を通して、子どもに本を届ける有力な教育環境だということがわかります。

その学校図書館は、全国津々浦々、どんな地域どんな規模の学校でも「学校には、学校図書館を設けなければならない」（学校図書館法第三条）のです。他方、全国の町村立図書館の設置率は五五・八％です（二〇一六年四月一日現在）（注2）。半分の町村に図書館がありません。それゆえ、子どもが地域の公立図書館を通して、求める本を手にすることはそれほど容易なことではありません。それは、地域の住民にとっても歯がゆいことです。地域自治の担い手として子どもを育てたい、子どもと一緒に地域のことを考えたい、そのためには資料が欲しい、しかし図書館がないのです。そこで、学校図書館の出番なのです。

子どもは、様々な外界（自然、地域・社会、家族、学校、友人など）からの「刺激」を受け成長・発達しますが、本を始めとする様々なメディアは、成長・発達に大きな影響を与えます。その意味において、学校図書館は、子どもの「学び」と「育ち」を日常的に支える有力な教育環境です。それゆえ、学校図書館は「学校教育において欠くことのできない」（学校図書館法第一条）教育環境として位置づけられているのです。そうした点から、子どもの読書（学習）環境を考えてみると、学校図書館はすべての子どもの「学び」と「育ち」を支える「セーフティネット」（safety net）の一部だと思います。

セーフティネットは、「安全網」と訳され、一般的には、網の目のように救済策を張ることで、安心や安全を提供する仕組みのことを指しています。その具体例は多様ですが、一般的には、社会的セーフティネットとして、病気・事故や失業などで困窮した場合に、憲法第二十五条の「健康で文化的な最低限度の生活を営む権利」を保障する制度のことを意味しています。

私たちには、日々の生活を安心して暮らすために、自分の力だけでは解決し得ない問題を外部（国や地方行政など）の力に依拠しつつ生活できるような社会的仕組みが必要です。特にわが国では近年、経済的格差が社会的問題となり、生活や雇用に不安を抱える人々が増加していることもあり、網の目のように救済策を張ることで、安心して生活できる仕組みの構築が急務になっています。その意味において、義務教育自体が、家庭の経済的条件に左右されることなく等しく教育を受けることができるとの考えに基づいています。憲法第二十六条の規定がその憲法的根拠であり、特に第二項の「（略）義務教育は、これを無償とする」との規定（注3）は、教育における「セーフティネット」の役割を果たしていると考えることができます。

そして今日、学びのセーフティネットは、教育行政の大きな課題にもなっています。「教育振興基本計画」（二〇一三年六月十四日、閣議決定）（注4）には、「学びのセーフティネットの構築」が単独の項目として取り上げられ、「様々な困難や課題を抱え支援を求めている者に対して、生涯を通じて多様な学習機会を確保する。また、能力と意欲を有する全ての者が中等・高等教育を受けられるようにする。これを通じて、経済的、時間的、地理的制約等による教育格差を改善する」として、具体的な施策が提起されています。そのなかには、「「貧困の連鎖」防止等に向けた多様な主体と連携した学習支援等」の一例として、「地域の公民館、図書館等を活用した若者の自立・社会参画支援などの取組を推進する」という項目も上がっています。

また、昨年（二〇一六年）出された中央教育審議会答申（注5）でも、次のような認識が示されています。

子供の貧困が課題となる中、家庭の経済事情が、進学率や学力、子供の体験の豊かさなどに大きな影響を及ぼしていると指摘されている。学校教育が個々の家庭の経済事情を乗り越えて、子供たちに必要な力を育んでいくために有効な取組を展開していくこと、個に応じた指導や学び直しの充実等を通じ、一人一人の学習課題に応じて、初等中等教育を通じて育むべき力を確実に身に付けられるようにしていくことが期待されている。

二 「セーフティネット」としての学校図書館

しかし今日、「学びのセーフティネット」は、学校図書館を含めて考察する必要があると思います。子どもは、「地域の公民館，図書館等を活用」する前に、まずは学校図書館の利用が先決です。その学校図書館の利用を通して、すべての子どもの「学び」と「育ち」を支える必要があります。それだけに、学校図書館を「net」の一部に加えることにより安心した生活（学びと育ち）を確保するという課題は、今日非常に大きな問題として捉えられるべきテーマだと思います。

こうした問題意識の背後には、近年における家庭の経済状況の悪化、子どもの貧困の問題が横たわっています。たとえば、「平成二八年国民生活基礎調査の概要」（厚生労働省、二〇一五年）によりますと（注6）、「各種世帯の生活意識」では、児童のいる世帯は、「大変苦しい（二六・八％）」「やや苦しい（三五・二％）」を含めて六一・九％、約三分の二の世帯が生活の苦しさを感じています。また、近年社会的にも大きな問題になっている「子どもの貧困率」（十七歳以下）は一三・九％に達しています。七人に一人の子どもが「貧困」状態にあります。前回の調査（二〇一二年、一六・三％）よりは改善しましたが、経済協力開発機構（ＯＥＣＤ）の平均一三・二％（二〇一三年）を上回り主要三六カ国で二十四位にとどまっています（『朝日新聞』二〇一七年六月二十七日）。もちろん、その原因は家庭の貧困で「相対的貧困率」も一五・六％に達しています。相対的貧困率とは、国民の所得の世帯収入から子どもを含む国民一人ひとりの所得を仮に計算し、順番に並べたとき、真ん中の人の額（中央値）の半分（貧困線）に満たない人の割合のことをいいます。

私が住んでいる北海道でも、「「家計が赤字」約四分の一」という記事が載りました（注7）。北海道が小学二年と五年、中学二年、高校二年の子どもがいる約一万五千世帯に経済状況や生活環境をたずねたアンケート結果です。調査は、昨年（二〇一六年）十〜十一月に学校を通じて行なったとのことです（回答数一万四六五九人）。それによりますと、家計は「黒字」が二八%、「どちらでもなくぎりぎり」が四三%、「赤字」が二四%です。また過去一年間に「電気・ガス・水道のいずれかの支払いができなかったことがある」世帯が一〇%、「病院などを受診した方がよいと思ったが受診させなかった（できなかった）」保護者が三三%いたといいます。

こうした家庭では、子どもに本を買ってあげたいと思っても、夕食のおかず一品、靴下一足にその支出は回りかねません。こうした状況は、子どもの読書状況にも、学習にも、更に子どもの意識にも大きな変化を及ぼしかねません。家庭を通じて、子どもに本が届きにくいのです。保護者と子どもが、本を間に触れ合うことが難しくなりかねないのです。そのために、学校図書館は何をすべきなのか、学校図書館サービスはどうあるべきなのか、この章を通じてそうしたことを論じたいと思います。

三　知識や情報へのアクセスに対する「障壁」

そこで、こうした問題を理解するために、まずは図書館のあるべき姿を指し示した先人のことばに耳を傾けたいと思います。インド図書館学の父と称されるランガナタンのことばです。ランガナタン（S.R.Ranganathan　一八九二～一九七二）は、一九三一年「図書館学の五法則」を明らかにしました（注8）。この五法則は、図書館学の基本原理であり、図書館サービスの原点を示しています。その第二法則が〈いずれの読者にもすべて、その人の図書を〉（Every reader his or her book）です。

この法則は、今日のわが国の学校図書館に対する大きな指針でもあると思います。この法則に照らすと、いずれの子ども（Every reader）にも、ニーズに合致した「それぞれの図書」（his or her book）が届いているかが問われることになるわけです。それは、学校図書館が、今日「セーフティネット」として十分に機能しているかにも関わる問題です。

そのランガナタンは、図書がすべての人に届くまでには多くの「苦闘の歴史」があったことを論じています。そしてわが国においても、人々が「セーフティネット」を獲得するために「苦闘の歴史」を重ねてきたのです。いや、セーフティネットの原点である「生存権」そのものも、資本主義社会が生み出した様々な病理（失業、貧困など）の解決を求めて「人たるに値する生存」を獲得しようとした苦闘の歴史の結果として、人権の類型に刻まれることになったのです。そして、その苦闘の歴史は、現在も進行形です。

それではランガナタンは、人々が図書とめぐり合う苦闘の歴史をどのように語っているのでしょうか。それは、今日の子どもたちが、きちんと図書と対面できているかとも関わる問題です。そこで最初に、ランガナタンが図書とのめぐり合いの苦闘の歴史を語った第一法則を見てみたいと思います。その第一法則は〈図書は利用するためのものである〉（Books are for use）です。この法則は極めてシンプルで、（学校）図書館の存在価値をわずか「四語」で教えてくれます。〈図書は利用するためのものである〉、それは「自明のこと」（注9）ですが、ランガナタンは、「図書館実務のどの側面でも、その歴史を検討するならば、第一法則がみじめにも軽視された証拠をたっぷり見出す」（注10）と言っています。ランガナタンは、「鎖付きの本」（chained books）についても述べていますが、かつて図書館の本は保存が中心で、長い間、一般の人には貸出はもちろん閲覧も制限されていました。図書館資料の前には、高い「障壁」が築かれていたのです。それは同時に、知識や情報へのアクセスに対する障壁でもありました。

古代と中世を通じて、文字を獲得することの希少性と相まって、知識や情報は多くの場合、権力（政治的権力、経済的権力）の保持者や宗教的権威を体現する人たちの占有物でした。それだけに、多くの人々にとって、知識や情報の入手が可能になるのは、教育の一般社会への普及、文字の獲得と歩を一にしており、それは同時に市民社会の誕生・成熟と深く関わっています。またそうしたことを可能にした「技術」が、十五世紀中葉の西欧における近代的な活版印刷です。近代の諸文化は、この技術によってもたらされたといえます。そしてこの技術は、同一の情報を共有する領域の拡大、情報の再利用、情報の再生産の範囲の飛躍的な広がりを意味するものであり、中世の西欧社会に「情報革命」とも言える大変革をもたらしたのです。

市民社会の誕生は、絶対主義体制の崩壊と表裏の関係にあり、その市民社会は人権としての市民的自由の保障を内包しています。思想の自由、表現の自由、宗教の自由、学問の自由などがそれであり、こうした自由の保障を前提に、人々は自己の人格形成を図り、民主主義体制を築くことになるわけです。相対化された価値は思想の自由市場に登場し、その真偽・正否を争うことになります(注11)。そのためにも、情報や知識は公開され、また社会の成員の多くにそうした情報の外部表出(生産、発表)とその情報へのアクセスが保障されなければなりません。すなわち情報や知識の社会化・共有化、その法的装置としての表現の自由などの保障です。

それは同時に、この社会に市民の「知識や情報の社会的保障装置」としての図書館の成立をもたらすことになります。図書館は、民主主義体制を維持・発展させる装置としての役割を有し、社会のシステムのなかに組み込まれることになるわけです。市民的自由の保障の下、社会には多様な価値を有した書物が登場し、そうした書物が図書館に蔵書として収集され、市民(国民)に提供されていくわけです。そしてそうした書物を読んで、他人を知り、世界を知り、自己を磨いた人々が、民主主義社会を支える主人公になっていくわけです。

学校図書館もまた、そうした民主主義社会を支える装置の一つです。学校図書館法制定に当たり、同法制定の中心となった全国学校図書館協議会が、学校図書館の設置等を求める請願(「学校図書館に関する請願」）を衆参両院の議長宛に提出しています（一九五二年三月十五日）。同法成立の一年前です。その請願理由に、次のような一節があります（注12）。

新憲法の精神にしたがい民主的な文化国民を育成する学校教育の中で学校図書館は最も重要な機関であり学校図書館なくして現代の教育は成立しません。

民主的な文化国家、学校教育、そして学校図書館は一本の線で結ばれています。

四　「過去幾多の試練」に堪えてきた人権、そして図書館

学校図書館の利用を通じて、子どもたちが民主主義社会を支える主人公としての知識や情報を獲得することは極めて大切なことです。

しかし今日、ときには人権は「当然のもの」（所与のもの）と思われがちです。そして確かに今日、人権は全ての人々に保障されています。日本国憲法は、国民の誰もが人権の「享有を妨げられ」ず、「この憲法が国民に保障する基本的人権は、侵すことのできない永久の権利として、現在及び将来の国民に与へられる」（第十一条）と規定しています。

しかし他方、人権が「侵すことのできない永久の権利」となるためには、世界各地における人

権獲得への長い「苦闘の歴史」（現在も続いている「苦闘の日々」）の産物であったことも事実です。

日本国憲法は、自由権、社会権、参政権など様々な人権を規定していますが、特にそれらの人権の有する歴史的意義を「総括的」に規定した第九十七条は、次のように記しています。

この憲法が日本国民に保障する基本的人権は、人類の多年にわたる自由獲得の努力の成果であつて、これらの権利は、過去幾多の試錬に堪へ、現在及び将来の国民に対し、侵すことのできない永久の権利として信託されたものである。

図書館を利用することも同様です。今日、公費で運営されている公立図書館の利用は、国民の人権規定から導き出すことができます。図書館法（一九五〇年）は、図書館の目的を「教養、調査研究、レクリエーション等に資する」（第二条）と規定しています。そして、同法第三条に規定された「図書館奉仕」の例示は多様です。こうした図書館の目的や図書館奉仕の多様性を反映して、図書館を利用する国民の権利は、生存権、学習権、知る権利、参政権、余暇享受権に関連を有していると考えることができます（注13）。そして、これら図書館利用と関わる人権も、「過去幾多の試練に堪へ」獲得されたものなのです。

かつて、わが国の図書館も、国民の知の保障装置ではなく、国策に翻弄され、「国民教化」「思想善導」に利用された歴史を有しています。満州事変（一九三一年）、五・一五事件（一九三二年）

という政治情勢のなかで開かれた第二十七回全国図書館大会（一九三三年）で、ある決議が採択されました。その決議には、図書館人の「決意」が次のように記されています（注14）。

国家非常の時局に当面し国民を挙げて自力更生に邁進し協力一致益々国運の発展を図らんとするの秋吾人職に図書館に関係する者は国民教化の重責を痛感して其の使命の達成に努力せんことを期す

「国家非常の時局」に当たって、図書館員は「国民教化の重責」を果たすべく努力する、図書館自らが国策への積極的協力を決議したのです。そして、遡ること九年前（一九二四年）には、「国民思想善導ニ関シ図書館ノ採ルベキ最良方策如何」との諮問（注15）が、文部省から出されています。

こうした歴史を顧みると、図書館は、国民の知識や情報を保障するのではなく、時には、その資料を通じて国民の思想統制・画一化を担っていたことがわかります。「国民教化」「思想善導」という言葉は、そうした図書館の役割を象徴的に表した言葉でした。

ですから、わが国においても、図書館が今日のように、国民の思想・良心の形成に大きく貢献し、「知識や情報の社会的保障装置」としての役割を果たすようになったのは、「過去幾多の試練」を乗り越えてきた結果でもあるのです。特に、「思想善導」の役割を果たしたわが国の戦前の図書館の歴史に鑑みて、「図書館は、この反省の上に、国民の知る自由を守り、ひろげていく責任を果たすことが必要である」と決意した「図書館の自由に関する宣言」（日本図書館協会、一九七九年総会決議）の制定には、そうした思いが込められています（注16）。ランガナタンの第一法則〈図書は利用するためのものである〉が、「自明のこと」になるためには、いずこの国においても、知識や情報を獲得しようとした多くの人たちの苦闘の歴史が積み重なってきたことを改めて知る思いです。

学校図書館も同様です。わが国の学校図書館は、戦後教育の所産として誕生しましたが、その学校図書館を支え、法的根拠としての学校図書館法の制定に組織を挙げて尽力したのは全国学校図書館協議会です。その協議会は誕生の「宣言」（一九五〇年）で、その歴史的使命について、次のように述べています（注17）。

われわれが全国学校図書館協議会を結成したのは、学校図書館が、民主的な思考と、自主的な意志と、高度な文化とを創造するため、教育活動において重要な役割と任務をもつているると思うからである。

学校図書館が、民主的思考と自主的な意志の形成、そして高度な文化の創造に寄与するとの決意には、戦前の「皇国民教育」からの脱却の意図が内包されていると思います。そして当時、学校図書館は「新しい教育の計画の中では、必要欠くべからざる重要な位置を占めている」（注18）と位置づけられていました。その位置を保ち、発展させることにより、わが国の新しい時代を展望しようとしたのです。それだけに、「宣言」は、わが国の学校図書館を、希望へと切り拓いていく道標でもあったように思います。それは苦闘の歴史を刻んだわが国教育の道標でもあったのです。

五　教育を受ける権利──「セーフティネット」の前提

そうした「思い」を込めて、ランガナタンの第二法則〈いずれの読者にもすべて、その人の図書を〉を改めて読んでみたいと思います。そうすると、この第二法則もまた「過去幾多の試練」に堪えてきたように思います。

この法則は、「本の利用者」からの視座であり、図書館はいずれの利用者（「Every reader」）にも、それぞれにふさわしい本を提供すべきであるという考えです。社会的階層、性別、居住地（都会と地方）、年齢、貧富の差、政治的条件やその他の条件によって、図書館利用を妨げられない、すなわち「すべての人に本を」という考えです。

今日、図書館利用はすべての人に平等であるという原則は、国際的スタンダードです。「ユネスコ公共図書館宣言」（一九九四年）（注19）は、「公共図書館のサービスは、年齢、人種、性別、宗教、国籍、言語、あるいは社会的身分を問わず、すべての人が平等に利用できるという原則に基づいて提供される」と規定しています。その原則は、前文に規定された次の考えを基にしています。

社会と個人の自由、繁栄および発展は人間にとっての基本的価値である。このことは、十分に情報を得ている市民が、その民主的権利を行使し、社会において積極的な役割を果たす能力によって、はじめて達成される。建設的に参加して民主主義を発展させることは、十分な教育が受けられ、知識、思想、文化および情報に自由かつ無制限に接し得ることにかかっている。

図書館は、民主的権利の行使にも、十分な教育を受けることにも、知識、思想、文化および情報に自由かつ無制限にアクセスすることにも、深く関わっているとの認識です。

これらの認識は、教育がすべての人に、平等に開かれるようになる歴史と平行しています。教育は、長い間、「平等」という基本的な権利からほど遠いところにありました。わが国でも、教育を受けることが人権の一つであり、その人権は平等に保障されるとの考えが容認されるのは、日本国憲法の制定によってです。「すべて国民は、法律の定めるところにより、その能力に応じて、ひとしく教育を受ける権利を有する」（第二十六条一項）との規定がそれです。その趣旨は、「教育は、個人が人格を形成し、社会において有意義な生活を送るために不可欠の前提をなす」（注20）、あるいは「人間の自由や幸福は、豊かな知識と教養を前提にしてはじめて有意義に実現される」（注21）からです。

そしてその「教育を受ける権利」の背後には、「成長、発達し、自己の人格を完成、実現するために必要な学習をする固有の権利」（旭川学力テスト事件上告審判決）（注22）、いわば自立的・自覚的な人間形成を促す諸々の自由への要求が内在化されています。換言すれば、「教育を受ける権利」（学習権）それ自体のなかに、学習者の思想・良心の自由、表現の自由（知る権利）、学問の自由等の人間的諸自由の保障をその要件として組み込んでいるのです。真実を知り、自己成長を図り、この社会の一員として社会の有り様に参画できる、そうした自由を組み込んでいるのです。教育を受ける権利（学習権）の「自由権的」側面です。ですから、今日「教育を受ける」ことは経済的支援を受けるだけではなく、一人の人間として、主権者として、その役割を果たすことができる「内実」をも含んでいるのです。とりわけ発達の可能態としての子どもにとって「教育を受ける」ことには特別の意義があります。そして、その権利は「自己充足的権利」ではありません。保護者（親）はもちろん、学校、地域など社会全体の支えによって充たされていく権利です。いわば、「一定の条件とその内実の保障があってはじめて権利としての現実的意味をもつ」（注23）権利です。

ですから、この教育を受ける権利には、「国は、教育制度を維持し、教育条件を整備すべき義務を負う」（注24）との要請が含まれているのです。教育を受ける国民の権利を、国が条件整備しつつ担保するのです。学校図書館の整備も国が負うべき条件整備の一つです。学校図書館法は、「国は、（略）学校図書館を整備し、及びその充実を図る」（第八条）と規定しています。

こうした制度保障は、セーフティネットの一環です。そのなかに学校図書館も含まれているのです。こうした制度保障を前提に、子どもは、教育（学校図書館）を通じて、自己の内を形成し、他者を知り、地域を知り、この国を知り、世界を知ることができるのです。

六　図書館は、子どもと市民の「セーフティネット」

(1)　図書館の「無料原則」―セーフティネットとしての図書館

そこで次に、こうした図書館と民主主義との関連、教育を受けることの人権性を基に、ランガナタンの第二法則〈いずれの読者にもすべて、その人の図書を〉を、今日の学校図書館に即して、改めて考えてみたいと思います。

そのためには、当該地域の「子ども」(Every reader) に、「それぞれの図書」(his or her book) が届いているかを把握しなければなりません。本章のテーマに即して換言すれば、学校図書館は子どもの「学び」や「育ち」の「セーフティネット」としての位置を果たしているかということです。それは、教育を受ける権利が真に保障されているか、あるいは教育における平等が実質的に実現しているかとも関わる問題です。

しかし既述のように、家庭の経済状況の悪化、子どもの貧困の問題は、今日の子どもの読書状況を困難にさせる要因の一つになっています。「教育を受ける権利」の保障は、「健康で文化的な最低限度の生活を営む」（憲法第二十五条一項）ことの具体化であり、それ自体「セーフティネット」

を形成していますが、その権利が十分に保障されない状況が生じているのです。「本」が子どもに届かない状況です。その状況を克服するためにも、学校図書館の出番が待たれているのです。

このことを、少しばかり視点を変えて、図書館法（一九五〇年）が規定する「無料原則」から考えてみたいと思います。図書館法第十七条は、「公立図書館は、入館料その他図書館資料の利用に対するいかなる対価をも徴収してはならない」と規定しています。公共施設は多々ありますが、それらのなかで無料原則を維持している公共施設は、公立図書館以外にはほとんどありません。ですから、何故に公立図書館は無料であるのか、改めてその意義を考えてみることは、学校図書館を考える際にも大きな示唆を与えてくれると思います。

「デジタル・デバイト」（digital divide）という言葉があります。「所得・教育・人種・居住地域等を要因として生じる情報通信技術を習得する機会の格差から、結果として情報技術を使いこなせる人と使いこなせない人の間に生じる経済的・社会的格差のこと」で、一九九五年発表の「アメリカ商務省報告書」のなかで、その存在が指摘されました（注25）。また「information rich」「information poor」という言葉があります。「情報富者」「情報貧者」です。「information」の入手いかんが、その人の社会的、経済的地位に直結するという意味のようです。

これらの言葉の意味を考えると、図書館が何故「無料」なのかがわかります。経済的理由によって「information」の入手を阻まない、誰もが図書館を通じて「information」を入手できることを保障しているからです。いわば、図書館という社会的資源の適正な管理と資料（情報）の提供を通じて、知的遺産を社会に平等に「還元」していくのが図書館の大きな役割なのです。アメリカの図書館学者ピアス・バトラー（Pierce Butler　一八八六〜一九五三）は、「図書とは人類の記憶を保存する一種の社会的メカニズム」であり、「図書館はこれを生きている個人の意識に還元するこれまた社会的な一種の装置といえる」と説明しています（注26）。図書に「記憶」された知識や情報が、図書館を通して個人の意識に「還元」されるというのです。こうした「記憶」とその「還元」は、各人の豊かな人間形成を支援し、民主政治を維持、発展させるための不可欠の要因です。

図書館法が制定されたとき（一九五〇年）の文部省社会教育局長（西崎恵）が、同法の提案に際して、衆議院文部委員会で「法案大綱」の趣旨説明をしていますが、そのなかで、第十七条の「無料原則」について次のように説明しています（注27）。

第十七条において、「公立図書館は、入館料その他図書館資料の利用に対するいかなる対価をも徴収してはならない」ことを規定し図書館の公共性とその公開性を強調しております。（略）しかもその利用は市町村民の貧富等によって制約をうけることのないようにすることは図書館の本旨よりして当然であるといわねばなりません。

「市町村民の貧富等」により「information」の入手を妨げてはならないということです。そしてそれは「図書館の本旨」だというのです。この説明には、図書館を利用する住民の読む自由や知る自由を、市場社会における強者の論理にさらさないという考えが含まれているように思います。住民の「知識や情報」の社会的インフラ、セーフティネットとしての公立図書館の姿です。

今日、こうした考えは特に学校図書館においても重要な要素の一つです。確かに授業料その他の学費の無償化は拡大していますが、既述のごとく家庭の経済的格差の拡大は、子どもに更に大きな格差を生み出しかねません。求める「本」を親から買ってもらえない、求める「information」を入手できない、そのことは、子どもの成長・発達を阻害し、貧困格差の連鎖を生みかねません。そのときこそ、学校図書館の出番なのです。どんな子どもにも等しく求める本を提供する、その役割は旧来に増して大きくなっているのです。

それは本だけではありません。新聞も含めてです。一カ月の朝夕刊セットの新聞購読料は約四千円です。それだけのお金を新聞代に当てるなら、それを生活費に当てようと考えても不思議ではありません。経済的理由で、新聞を家庭で読めない子どもがたくさんいるのです。文部科学省が進めている「各学校への新聞配備」は、すべての子どもが「世界」を知るための重要な「窓口」でもあると思います。同省は、二〇一二年度から小中学校に新聞一紙を配備するため、毎年一五億円の地方財政措置をしてきましたが、二〇一七年度からはそれまで対象外だった高校（公立高校図書館）へ四紙、中学校分もこれまでの一紙から二紙に増やすといいます（注28）。第五次「学校図書館図書整備等五か年計画」（二〇一七年度〜二〇二一年度）です。それによりますと、新聞配備費は五カ年で総額約一五〇億円、内訳は、〈小学校等〉一紙（約五〇億円）、〈中学校等〉二紙（約五〇億円)、〈高等学校等〉四紙(約五〇億円)です(注29)。家庭で新聞を読めない子どもが、学校図書館の利用を通して新聞を日常的に読むことができることは、子どもの興味・関心を広げ、「主権者教育」にも大きな役割を果たすことになると思います。それは、学校図書館が「セーフティネット」としての役割を果たしていることでもあるのです。

ですから学校図書館は、子どもが抱えている経済的困難を克服する大きな可能性を有しているのです。学校図書館を通じて、子どもが抱えている家庭の経済状況を乗り越えて知識や情報、すなわち「本」を手渡したいと思います。「本」は、子どもの成長・発達を深部において支える大きな要因なのです。

(2) 地域の「知」が、豊かな「地」へ

そして読書は、子どもの成長に大きな「栄養」を与えるのです。ある調査(「子どもの読書活動の実態とその影響・効果に関する調査研究」、国立青少年教育振興機構、二〇一三年二月二十三日発表)(注30)によりますと、「子どもの読書活動とその後の人生の充実」との間には大きな相関関連があることがわかったといいます。その報告書の副題には「子どもの頃の読書活動は、豊かな人生への第一歩!」という題がついていますが、どのような「豊かな第一歩」なのか、次に〈高等学校二年生〉二七八校一万二二二七人、〈中学校二年生〉三三八校一万九四一人、合計二万一一六八人を対象にした調査結果の概要の一部を紹介します。

㈠　その調査結果で、先ず驚いたことは、次の点です。

就学前から中学時代までに読書活動が多い高校生・中学生ほど、「未来志向」、「社会性」、「自己肯定」、「意欲・関心」、「文化的作法・教養」、「市民性」、「論理的思考」のすべてにおいて、現在の意識・能力が高い。

㈡　また次のような調査結果もあります。

(a)たとえば、「友だちがとても幸せな体験をしたことを知ったら、私までうれしくなる」との思いを持つ中学生の比率は、小学校低学年期に「家族から昔話を聞いたこと」が多い子どもほど高くなっている。

(b)更に、「電車やバスに乗ったとき、お年寄りや身体の不自由な人に席を譲ろうと思う」との思いを持つ高校生の比率は、小学校に入学する前に「絵本を読んだこと」が多い子ほど高くなっている。

「本」が子どもを育てる大きな力の一つになっているなら、すべての子どもが、等しく本と出会う機会を提供したいと思います。あの町この町、どこの町の学校にも設置されている学校図書館、その学校図書館は、特に今日の子どもが置かれている経済的格差のなかでは、子どもの「学び」と「育ち」を支える「セーフティネット」としての役割をも果たしているのです。子どもと本との出会いは、学校図書館を抜きにしては考えられません。それゆえに、こうした視点から、学校図書館を改めて考えてみる必要があると思います。

子どもを育てることは、各自治体（地域）の大きな責務です。子どもは親の宝だけではなく「町の宝」です。そこで育った子どもが、その地域の主人公として、自治を担い経済を担い、町づくりに参画していくのです。地域の学校で育くまれた「知」が、当該地域の未来を創るのです。地域の「知」が、地域の人びとが住む町を豊かな魅力あふれる「地」へと変えていくのです。それゆえ、どんな町に住んでいようとも、その地域の子ども（「his or her」）に「その人の図書」（「his or her book」）が必要なのです。その地域に合致した、その地域の子どものニーズに合致した図書が必要なのです。ランガナタンの第二法則〈いずれの人にもすべて、その人の図書を〉は、今日のわが国の学校図書館を支える法則でもあるのです。

第二節　読書活動と学習活動の「融合性」

一　「読む力」は「学ぶ力」

次に、「読書活動」と「学習活動」の関連をどのように捉え、それに学校図書館がどう対応していくのかという点について論じたいと思います。それは同時に、「セーフティネット」としての学校図書館とどう関わるかという課題でもあります。

現在の学習指導要領（総則）では、学校図書館の利活用について、次のように記しています。

学校図書館を計画的に利用しその機能の活用を図り、児童（生徒）の主体的、意欲的な学習活動や読書計画を充実すること。

ここでは、「学習活動」と「読書活動」が別個に扱われています。学校図書館法第二条に規定する「教育課程の展開への寄与」「健全な教養の育成」に対応した記述だと思います。そして、私たちも学校図書館を「読書」と「学習」とに分けて考えがちです。しかし、この両者はともに、主として「ことば」を介して知識や情報を入手する営みです。そうした特質を思うなら、両活動は別個の活動であると同時に、「融合的関係」に立つ活動でもあることがわかります。豊かな読書活動が学習の深化・発展を促し、学習活動の深まりがこれまでの読書領域を深化・発展させていくのだと思います。

こうした融合性は、子どもの「学び」と深い関わりがあります。「全国学力・学習状況調査」の結果（二〇一六年度）（注31）によりますと、読書が好きな子どもと学力（平均正答率）とは相関関係にあることがわかります。読書が好きな子どもの「学力（平均正答率）」は、明らかに高い傾向を示しているのです。

その調査結果によりますと、「読書は好きですか」の問に対して、「当てはまる」と答えた小学生の国語Aの平均正答率は七六・九％、「当てはまらない」と答えた小学生の平均正答率は六四・七％です。その間に［一二・二％］の開きがあります。以下、両者の開きを紹介しますと、国語Bは［一五・三％］、数学Aは［八・六％］、数学Bは［一〇・五％］の開きです。また中学生も、国語Aは［一一・六％］、国語Bは「一七・六％」、数学Aは［九・〇％］、数学Bは［一〇・一％］の開きです。主として「活用」に関する問題を中心としたB（国語、算数（数学））については、小中校とも［一〇％以上］の開きです。読書の好きな子どもと「学力（平均正答率）」との間には、強い相関関係があることがわかります。読む力が「学力」を底支えしているのです。

経済的理由により「読書」環境が失われることは、子どもにとって「学び」の機会を失われることにつながることがわかります。文部科学省は、「確かな学力」という概念を用い、学力を「知識や技能」だけでなく「学ぶ意欲や自分で課題を見付け、自ら学び、主体的に判断し、行動し、よりよく問題解決する資質や能力等」まで含めたものと定義づけていますが、そうした「確かな学力」を育成するのにも、読書活動はその大きな要因をなしています。その要の役割を担っているのが、学校図書館なのです。

二　「読む力」と「書く力」

本を読まなければ、きちんとした文章が書けません。レポートも書けません。大学生にとっては、卒業論文の作成は一層難しくなります。その読書活動とレポート能力との関係についての興味深い指摘があります。長い間都内の多くの大学で司書教諭科目を講義していた人が、読書に関する課題図書を読んで、自身の読書論を書くように求めた五百人余りのレポートを読んでの「分析」です。「読書の意義を大人たちは過大に評価していると考えている学生たちのレポートには、共通して次のような特徴が見られた」として、次のような事例を上げています（一部省略）（注32）。

・漢字が少なく、かなが多い
・単純な語が多くもちいられ、語彙が少ない
・修飾語や比喩が少ない
・順接も逆説もなく、文の構成が単純である
・論理性が弱い
・レポート全体が短い
・自分の言いたいことだけを書き、説得力にかける

他方、「日常的な読書習慣をもつ学生のレポートには逆のことが見られた」といいます。著者は「この発見は想定外のことだったが、考える力、書く力、人に伝える力、人の心情に配慮する力などと読む力との間には強い相関があることを実感させられた」と述べています。

きちんとした文章が書けることと「学力」との間にも相関関係があるのです。先の「全国学力・学習状況調査」(二〇一六年度)の結果にもそのことは顕著に現れています。「四〇〇字詰め原稿用紙二〜三枚の感想文や説明文を書くことは難しいと思いますか」との質問に対して、国語Aで「そう思う」と答えた中学生の平均正答率は七二・五％であるのに対して、「そう思わない」と答えた中学生の平均正答率は七九・五％、[七％]の開きがあります。以下、国語Bは[一〇・九％]、数学Aは[六・三％]、数学Bは[七・四％]の開きです。感想文や説明文といった文章を書ける子どもは、教科の平均正答率も高いのです。「読む」ことと「書く」ことは連動しているのです。

一昨年(二〇一五年)、経済協力開発機構(ＯＥＣＤ)が実施した「国際学習到達度調査」(ＰＩＳＡ)の結果が昨年十二月六日に公表されました。日本の平均点は「科学的応用力」は前回(二〇一二年)の四位から二位、「数学的応用力」は七位から五位へと共に順位を上げましたが、「読解力」は四位から八位に落ち、平均点も二十二点下がりました。新聞各紙には、「語彙不足は「危機的」」「長文離れ原因か」(『毎日新聞』二〇一七年十二月七日)、「読書減　長文学習充実へ」「長文不慣れな中高生」(『読売新聞』同日)、「日本の十五歳「読解力」課題」「長文読む機会減る？・」(『朝日新聞』同日)の見出しが載りました。文部科学省は「読書量の減少などで、長文に接する機会が減ったことが原因の可能性がある」と分析しているといいます（『読売新聞』同日）。「きちんとした文章」を書くにも、「読解力」を高めるにも、「本」を読むことが大切なのです。こうしたことを、学校図書館から考えてみると、「読書活動」と「学習活動」は深く結びついている、すなわち両者の活動は、「融合的関係」にあることを示しています。それだけに、豊かで確かな学力を身につけさせるためにも、学校図書館は「すべての子ども」に平等に開かれ、利用されるような図書館を創り上げていくことが求められていると思います。子どもの「学び」を保障する「セーフティネット」としての学校図書館の役割は、「学力」とも深く関わっているのです。

第三節　社会参加の意識を高める

一　「政治的教養」と学校図書館

図書館は、民主主義社会を構築していく社会的システムでもあります。そして、それは学校図書館にとっても重要な課題であると思います。

教育基本法は「良識ある公民として必要な政治的教養は、教育上尊重されなければならない」（第十四条一項）ことを規定しています。昨年（二〇一六年）出された「中央教育審議会答申」（注33）は、特に十八歳への選挙権年齢の引下げにより、「小・中学校からの体系的な主権者教育の充実を図ることが求められている」と述べ、そのためには、「政治に関わる主体として適切な判断を行うことができるようになることが求められ」、その具体的例として「事実を基に多面的・多角的に考察し、公正に判断する力や、課題の解決に向けて、協働的に追究し根拠をもって主張」することの重要性を指摘しています。

「事実を基に多面的・多角的に考察し、公正に判断する」、そのためには情報（資料）が不可欠です。まずは「事実」そのものを知るための情報が必要です。しかし事実そのものが何であるかを知ることは、そう容易なことではありません。事実は「事の背後」に隠されていることも多々あるわけです。ですから事を「多面的・多角的」に考察するには、様々な情報やメディアが必要です。それだけに、学校教育において「体系的な主権者教育の充実を図る」（答申）には、学校図書館が必要となってくるのです。学校図書館の多様な資料を利用しながら、「あれこれ」と見比べ読み比べながら、事実に辿り着くことが大切なのです。その意味において、子どもにとって学校図書館は、「良識ある公民として必要な政治的教養」を身に付けるための「セーフティネット」でもあるのです。それはまた、人権としての参政権を自らの手に獲得する具体的プロセスでもあるのです。

参政権は、選挙する（あるいは選挙される＝被選挙権）という一点に特化された権利ではありません。文字通り、主権者として政治に参加し、この国の有り様を各人が決めていく権利です。そのためには、様々な情報が必要です。事実を知ることなしに真に「参政」することはできません。事実を覆い隠して「参政」の形を取り、挙国一致「賛成」せざるを得なかったこの国の歴史を顧みると、主権者であるため（すなわち、参政権を行使するため）には、その前提として情報の自由な流れとそれへのアクセスが一体化されていることが不可欠だということがわかります。そうした情報へのアクセスを学校教育において行うことは「主権者教育」の要でもあり、その核心に学校図書館があるのです。

そのために、学校図書館には多様な資料が必要です。全国学校図書館協議会が制定した「学校図書館憲章」（一九九一年）は、「学校図書館を考えていくときの最も基本となる拠り所」となるものですが、その「学校図書館憲章」は、資料について次のような原則を述べています（注34）。

- 学校図書館は、児童生徒・教職員の多様な要求に応えるために、必要にして、かつ、十分な資料を備える。
- 学校図書館は、選定基準に基づいた質の高い資料を選択し、収集する。

「選定基準」とは、「全国学校図書館協議会図書選定基準」（一九八〇年制定、二〇〇八年改定）のことを指していますが、その「選定基準」は詳細です（注35）。たとえば、「知識を得るための図書」の基準として（部分）、

(1)正しい知識や研究成果が述べられているか。
(2)新しい知見や方法が紹介されているか。
(3)事実の叙述は、科学的に正確で、かつ具体的であるか。
(4)異見・異説などのある場合は、必要に応じてこれを紹介し、その原拠が示されているか。

さらに「教養のための図書」の基準として（部分）、

(1)児童生徒のたしかな批判力や豊かな情操を育てるものであるか。
(2)生きる希望にあふれ、深い感動を与えるものであるか。

などが述べられています。「正しい知識」「科学的に正確」「異見・異説」への対応、そして「批判力や豊かな情操を育てる」、こうした「基準」に基づく選定は、「主権者教育」を支えるものです。そして、既述の「学校図書館憲章」も、読書と民主主義の関係について、次のように述べています。

民主主義の発展には、国民が思慮深く、英知あることが前提である。したがって読書教育は、民主主義社会における学校教育の基本的な使命である。

「国民が思慮深く、英知ある」という一節は、とても印象的です。「思慮深い」とは「物事を注意深く考え、慎重に判断するさま」であり、「英知」とは「深遠な道理をさとりうるすぐれた才知」（いずれも『広辞苑』第六版）です。こうした態度が民主主義の発展を支えるのだと思います。戦前、このような態度を有した国民を育てていたなら、あの「無謀な戦争」はなかったのです。「無謀な戦争」とは、「戦後七十年談話有識者懇談会　報告書」（二〇一五年八月六日）（注36）のなかの一節です。報告書には「日本は、満州事変以後、大陸への侵略を拡大し、第一次大戦後の民族自決、戦争違法化、民主化、経済的発展主義という流れから逸脱して、世界の大勢を見失い、無謀な戦争でアジアを中心とする諸国に多くの被害を与えた」と記されています。「思慮深く」「英知」があれば、「無謀な戦争」は、起きなかったと思います。読書は人類の英知との対話ですが、それだけに、読書が、世の中を変革していく原動力になるのです。そしてそれは民主主義社会を支える基本となるのです。ですから、「読書教育は、民主主義社会における学校教育の基本的な使命」（学校図書館憲章）なのです。

二　「事実からの隔離」と社会参画意識

戦前においては、選挙権は男子（二十五歳以上）のみで、納税要件が課されていました。その要件（制限）が撤廃された（「普通選挙」の実施）のは一九二五年のことです。

そして戦前は、明治憲法（大日本帝国憲法）に「教育」に関する規定はありませんでした。しかし、「学制」（一八七二年）を端緒とした教育制度により、教育は初等教育（小学校）から高等教育（大学）まで整備されていきました。そして教育の普及は、国民に「読み書き算盤」といった基礎的な力を培い、「大人」への旅立ちを支援することになるわけです。しかし他方、教育を受けること（読み書き能力の獲得）により、国民は知識や情報を理解することが可能となり、「由《よ》らしむべし、知らしむべからず」という、多くの国で取られてきた政策（「事実」から国民を隔離する）は適用され難くなるわけです。

ランガナタンも、本が多くの大衆から遠ざけられた要因の一つに「特権的地位にいる人たちの政治的本能」を上げています。なぜなら、独裁的な政府は、「知識と知性が自由への願望を生み出すことを恐れたから」で、イギリスでは、最初の公立図書館法案に対して、「余りにも多くの知識を持つことは危険であり、図書館は政治教育の中心となるかもしれない」（注37）との反対議論があったことを紹介しています。

いずこの国の為政者も、国民が教育やメディアを通じて「事実」に近づくことには警戒をしていたのです。それだけに為政者は、国民を「事実から隔離」するために、時として教育内容を統制し、様々な教育政策（国定教科書による特定の価値観の注入など）を駆使してきました。それは、メディア統制を始めとした情報統制、人の「心」の統制とも連動するものであり、戦前のわが国では、治安維持法などの弾圧立法の「担保」により、統制は一層加速化・厳罰化していきました。

太平洋戦争開始の年（一九四一年）から、小学校は「国民学校」となりましたが、その法的根拠としての国民学校令には「国民学校ハ皇国ノ道ニ則リテ初等普通教育ヲ施シ国民ノ基礎的錬成ヲ為スヲ以テ目的トス」（第一条）と規定されていました。教育は、「皇国ノ道ニ則リ」行なわれることになり、その「皇国ノ道」を詳細に記したのが教育勅語でした。教育勅語は、一八九〇年に明治天皇の勅語として発布された教育における最高の規範書（根本理念）で、子どものみならず国民全体の思考を規定することになりました（注38）。

三　「十八歳選挙権」と社会参画、自己肯定感

こうした歴史を知ることは、「十八歳選挙権」と関わって、今日特に重要な意味があると思います。「事実からの隔離」は、選挙権の行使を空洞化させかねません。そして、「事実からの隔離」は、社会参画の意識を停滞させかねません。

その「十八歳選挙権」と関わった若者の「社会参画」について、文科科学大臣が新学習指導要領の改訂に向けて出した「諮問」（「初等中等教育における教育課程の基準等の在り方について」二〇一四年十一月二十日）で、次のように指摘しています（注39）。

我が国の子供たちについては、（略）自己肯定感や学習意欲、社会参画の意識等が国際的に見て低いことなど、子供の自信を育み能力を引き出すことは必ずしも十分にできておらず（略）。

「自己肯定感や学習意欲、社会参画の意識等が国際的に見て低い」と言うのです。第二章でも紹介しましたが、政府が二〇一四年六月三日に閣議決定した「子ども・若者白書」（注40）には、「我が国と諸外国の若者の意識に関する調査」（二〇一三年度）の結果が載っています。調査対象国は七カ国（日本、韓国、アメリカ、イギリス、ドイツ、フランス、スウェーデン）で、調査対象は満十三歳から二十九歳までの男女です。それを見ると、日本の子ども・若者の「自己肯定感」（「自分自身に満足している」）は四五・八％で、対象国中で最低です。「社会形成・社会参加」についても、「社会現象が変えられるかもしれない」との意識は三〇・二％で、これも対象国中で最も低い割合です。また「自らの将来に対するイメージ」についても、「将来への希望」は六一・六％、「四十歳になったときのイメージ（幸せになっている）」は六六・二％で、この割合も対象国中で最も低くなっています。こうした若者の意識は、選挙権が十八歳に引き下げられ、彼らにも「主権者」としての社会参画を期待していることを考えるととても心配です。

こうした意識の要因は、社会状況、経済状況も絡んで、輻輳していると思います。社会的閉塞感、社会全体がわが国の未来を描ききれないなかで、子ども・若者も、自分と自分の国の未来を展望できない姿を垣間見ることができます。内閣府も関わって二〇一四年に行った世論調査(注41)では、「五十年後の日本の未来は、現在と比べて明るいと思うか、それとも暗いと思うか」を聞いたところ、「明るいと思う」とする者の割合が三三・二%、「暗いと思う」とする者の割合が六〇・〇%となっています。また「自身の将来について、不安を感じるか」と聞いたところ、「不安を感じる」者は六九・〇%、「不安を感じない」者は三〇・二%です。この調査は、二十歳以上の日本国籍を有する者を対象に、二〇一四年八月二十一～三十一日に行った調査で、一八二六人(有効回答数)から回答を得ています。

また別の三カ国(日本、インドネシア、インド)対象の調査(注42)によると、自国の将来について「楽観的」「どちらかといえば楽観的」と答えた人は日本では二〇・七%にとどまりましたが、インドネシアでは六五・三%、インドでは七五・九%に上っています。また自国の民主主義が機能しているかについては、肯定する回答が日本では四六・七%、インドネシアでは四七・一%、インドでは六五・〇%です。この調査は、日本の「言論ＮＰＯ」、インドネシアの「戦略国際問題研究所」、インドの「オブザーバー研究財団」が、三カ国の各一千人を対象に昨年(二〇一六年)六月以降に実施したものです。

ですから、若者の自己肯定感、社会参画の意識の低さは、こうした社会の反映、大人の現状認識の反映でもあります。それにしても、子ども・若者の「否定的意識」をもっと前向きにできないのだろうか、子ども・若者が「将来」を描ける社会を創れないのだろうかとの思いを多くの人は抱くと思います。こうした状況をどのようにして打開したらよいのか、その一つの「回答」が、先の「子どもの読書活動の実態とその影響・効果に関する調査研究」の結果が指し示しているように思います。

その調査結果では、既述のように「読書活動が多い高校生・中学生ほど、未来志向、社会性、自己肯定、市民性などにおいて、意識・能力が高い」となっているのです。読書活動の多い子どもは、「私には将来の目標がある」（未来志向）、「自分のことが好きである」「自分の好きなことがやれていると思える」（自己肯定）、「政治・社会的論争に関して自分の意見を持ち論議する」（市民性）と回答している割合が高いというのです。特に「市民性」が高いということは、「社会現象を変えられるかもしれない」という前向きの意識と関わっているように思います。

「読書」を媒介とした子ども・若者づくり。それは迂遠のようで、また成果はすぐには目には見えにくいものですが、確実に子どもの「心」に変化をもたらし、意識を変え、行動様式を変えることにつながるのです。それは、ひいては、この社会を自分の力で変えていこうとする主権者を育てることにもつながると思います。その意味からも学校図書館の出番だと思います。学校図書館を通して、子どもに確実に「本」を届ける、そのことが子どもの意識を前向きに変え、主権者を育てていくことにもつながるのだと思います。そしてその教育を学校図書館が「本（資料）」を媒介として支えるのです。今日の学校図書館は、参政権保障のセーフティネットでもあるのです。

第四節　「人」「資料」──学校図書館の基礎的要件は整っているか

一　「セーフティネット」を支える要件──「人」の問題

(1)　司書教諭の配置

最後に、こうした「セーフティネット」としての学校図書館を支える二つの要件について述べたいと思います。「人」と「資料」という二つの要件です。

先ずは「人」の要件です。特に「人」の問題は、「欠くことのできない基礎的」(学校図書館法第一条)な教育環境としての学校図書館、また「セーフティネット」としての学校図書館の有り様と深く関わっています。そして、その「人」の問題は、学校図書館が抱える長く重要な問題でもあります。その「人」の問題の中心は、司書教諭と学校司書です。

学校図書館の専門家としての司書教諭は、学校図書館法に規定された職種の一つです。同法第五条一項の「学校には、学校図書館の専門的職務を掌らせるため、司書教諭を置かなければならない」との規定がそれです。その司書教諭の配置を含む学校図書館法は一九五三年に成立しましたが、その学校図書館に「人」を置かねばならないとの考えは、同法制定以前にも見ることができます。たとえば、戦後初の学校図書館の手引書である『学校図書館の手引』（文部省、一九四八年）には、（司書教諭という名称はありませんが）学校図書館を担当する「人」について「司書・事務員の二つの職制」を明示し、次のように述べています（注43）。

学校図書館はいかに小さい規模のものであっても、形の上からは司書・事務員の二つの職制が必要である。司書は教師の中から選ばれ、学校図書館の経営に全責任をになう。本格的に図書館経営をすることになると、相当の専門的知識を必要とするが、現状では、図書館教育を受けた教師もいないことであるから、選ばれた人は、今後、専門的な技術を習得するように進んで行く必要がある。

ここには、学校図書館を設置する以上、それを担当する専門的知識を有した「人」の存在が重要であるとの認識が述べられています。学校図書館が注目をあび始めた戦後間もなく、学校図書館に関する手引書のなかに、学校図書館を担当する「人」が論ぜられ、その役割が期待されていたことは注目すべきことです。しかもその「人」には、図書館経営についての専門的な知識・技術の習得が求められていたのです。

しかし司書教諭の問題は、法制定後も「当分の間、司書教諭を置かないことができる」（学校図書館法附則第二項）との規定、いわゆる「配置猶予」規定と関連して大きな課題となりました。そして、その猶予期間は、文部省（当時）の考えは「ほぼ十年」でした（注44）。「当分の間」が、「十年」というのは、余りにも長い猶予期間です。しかし猶予期間は、十年を過ぎても二十年を過ぎても続きました。「配置猶予」規定は学校図書館発展の大きな隘路であり、その改正は学校図書館関係者にとっての懸案事項となりました。そのためその改正は、学校図書館運動の大きな課題として、その後長年にわたり、多数の関係者により取り組まれてきました。その改正への機運が大きく盛り上がったのは、学校図書館への期待が高まり始めた一九九〇年代に入ってからです。一九九七年六月三日、学校図書館法が改正され、附則第二項は、次のように改正されました。

学校には、平成十五年三月三十一日までの間（政令で定める規模以下の学校にあっては、当分の間）、第五条第一項の規定にかかわらず、司書教諭を置かないことができる。

「政令で定める規模以下の学校」とは、「十一以下の学校」です（注45）。この改正により、平成十五（二〇〇三）年四月一日からは、十二学級以上の学校には司書教諭の配置が義務づけられたのです。

その司書教諭の発令は、文部科学省の調査（二〇一六年四月一日現在）によりますと、全国平均で十二学級以上では、〈小学校〉九九・三％、〈中学校〉九八・三％、〈高等学校〉九六・一％、ほぼ一〇〇％です。しかし十一学級以下の学級では、〈小学校〉二八・七％、〈中学校〉三三・五％、

〈高等学校〉三五・七％です（注46）。十一学級以下の学校への司書教諭の配置は限定的です。

しかし、司書教諭が日常の教科指導や学級指導の合間をぬって、その任務を行うことは容易なことではありません。学校図書館の中核的役割を担うためにも、条件整備が必要です。それだけに、学校図書館法改正（一九九七年）の際に出された文部省の通知（「学校図書館法の一部を改正する法律等の施行について」、一九九七年）にあるように、「司書教諭の担当授業時間数の軽減措置」は必須です。特に小学校の場合、学級担任として、そのほとんどの時間が授業などに当てられるなか、学校図書館の「中核」を担うだけの時間を生み出しにくい状況です。先の文科省の調査によりますと、軽減措置を実施している学校は、全国的には十二学級以上の学校（十一学級以下の学校）で〈小学校〉一〇・〇％（一一・八％）、〈中学校〉一二・八％（一四・五％）、〈高等学校〉一六・四％（一三・一％）です。またその司書教諭が学校図書館を担当している時間数の全国平均は、十二学級以上の学校（十一学級以下の学校）で、〈小学校〉一・五時間（一・四時間）、〈中学校〉二・三時間（三・三時間）、〈高等学校〉四・六時間（五・二時間）です。この数字が示す通り、その実施は部分的、限定的です。それだけに、何よりも「司書教諭の学校図書館担当時間の確保」（「軽減措置」）が求められるのです。

(2) 学校司書の配置

学校図書館法附則第二項の「当分の間」規定（司書教諭の「配置猶予」規定）が長期化するなか、

学校図書館の日常的業務を掌るため、学校図書館業務を担当する職員が雇用、配置されるようになりました。学校司書です。その学校司書は、司書教諭の配置猶予が続くなか、その職務を通じて学校図書館の実質的担い手として、司書教諭的な任務を兼ねつつ、学校図書館において確かな地歩を築いてきました。

その学校司書については、長年にわたり学校司書の身分保障を始め、学校司書の「在り方」が（学校）図書館界で大きな問題となり、「専任」で「専門」性を有した「正規」の学校司書の法制化が大きな課題となりました。その思いは、すでに学校図書館法誕生直後からありました。学校図書館法制定二年後（一九五五年）に開催された第六回全国学校図書館研究大会（徳島大会）で、早くも「学校図書館専任事務職員の身分の安定措置を講ずること」との決議がされました。

その「学校司書の身分も職務もきちんとしたい」。その思いは、今から約六十年前に学校司書自らの言葉によって世に明らかにされました。一九五七年に、札幌で開催された第八回全国学校図書館研究大会で、始めて「学校図書館事務職員分科会」が設けられ、この大会参加の事務職員の話し合いにより「学校司書」の名称が誕生しました。この大会に鹿児島県から参加した女性職員が、「涙を抑え毅然として仲間の専任配置・身分保障・待遇改善等」を訴えました。それは「学校図書館史に永遠に残るもの」でした（注47）。

こうして、「学校司書の法制化」は、長年にわたる学校図書館運動の大きな課題となり、ようやく二〇一四年に、その法制化が実現しました。改正点は、次の二点です。学校図書館法第五条

（司書教諭）の次に、一条を加え（第六条とし）、次のように規定しました。

（学校司書）

第六条　学校には、前条第一項の司書教諭のほか、学校図書館の運営の改善及び向上を図り、児童又は生徒及び教員による学校図書館の利用の一層の促進に資するため、専ら学校図書館の職務に従事する職員（次項において学校司書という）を置くよう努めなければならない。

2　国及び地方公共団体は、学校司書の資質の向上を図るため、研修の実施その他の必要な措置を講ずるよう努めなければならない。

さらに、附則において、

（略）国は、学校司書（略）の職務の内容が専門的知識及び技能を必要とするものであることに鑑み、この法律の施行後速やかに、新法の施行の状況等を勘案し、学校司書としての資格の在り方、その養成の在り方等について検討を行い、その結果に基づいて必要な措置を講ずるものとする。

次に、この改正の特徴を若干述べたいと思います。

第一は、学校司書の位置づけが明確化されたことです。「学校図書館の運営の改善及び向上を図り、児童又は生徒及び教員による学校図書館の利用の一層の促進に資する」との規定がそれです。こうした認識が、法に示されたことの意義は大きいと思います。

第二は、附則において、その職務が「専門」性を有していることが明記されたことです。しかし、その専門性の中味について法は何ら規定していません。どのような専門性なのかは、今後の論議を待つことになります。

第三は、その配置は各自治体（学校）の努力目標だという点です。司書教諭は「置かなければならない」（第五条）と規定されているのと比べると大きな違いです。各自治体の学校図書館に対する認識度、財政状況などにより、自治体間で「差」が生じかねません。

第四は、学校司書の資格、養成については具体的には何ら明確化されていません。この点については、昨年（二〇一六年十月）、「これからの学校図書館の整備充実について（報告）」（学校図書館の整備充実に関する調査研究協力者会議）が発表になり、一定の方向性が示されました（注48）。

第五は、規定されていない点です。「専任」「正規」についてです。すなわち、学校司書が配置されても、学校司書の職務に専任として従事できるか否か、あるいはその身分は正規なのか非正規なのかについては何ら規定がなく、各自治体（学校）の考えに委ねられています。

以上のように、法改正は学校司書の問題を「解決」したわけではありません。多くの課題を積み残したままの改正です。しかし、「学校図書館法に新たに学校司書の条項が加えられ、その法的位置づけがなされたことによって、我が国の学校図書館はさらなる充実・発展へ新たな一歩を踏み出した」(注49)との思いを有した人も多いと思います。

現在、学校司書が配置されている学校は全国で約半分です。既述の文部科学省の調査によりますと、学校司書の配置割合は、国公私立合計で〈小学校〉五九・二%、〈中学校〉五八・二%、〈高等学校〉六六・六%です。また司書教諭が学校図書館法上に規定された職種であるのに対し、学校司書は長年、法制化された職種ではなかったため、雇用形態・身分・職種・待遇などに大きなバラつきがあります。特に勤務形態については、常勤として配置している学校は、先の文部科学省の調査によりますと、〈小学校〉一二・四%、〈中学校〉一六・七%、〈高等学校〉五五・〇%です。

(3)「人」の配置と学校図書館の利用

しかし、司書教諭、学校司書の配置状況と学校図書館の利活用との間には、相関関係があります。ある調査報告書(「高校生の読書に関する意識等調査報告書」、二〇一五年)(注50)によりますと、司書教諭を配置している学校では、学校図書館を「ほとんど利用しない」割合は六一・〇%ですが、配置していない場合は七二・六%に上昇します。一〇%以上の開きです。また学校司書の雇用形態も大きく影響します。学校図書館を「ほとんど利用しない」割合は、学校司書が、〈常勤・非常勤〉両方の場合は四八・二%ですが、〈常勤〉六一・六%、〈非常勤〉六四・二%です。そして

〈置かれていない〉場合は六九・九％です。配置が手薄くなるのに比例して「学校図書館をほとんど利用しない」割合が増加しているのです。

この「人」の配置は、学校図書館が「使いやすく」なる大きな要因でもあります。その調査では、「学校図書館の使いやすさ」と読書冊数の関連を質問したところ、「とてもそう思う」(使いやすい)と認識している生徒の不読率は低く、「そう思わない」と認識している生徒の不読率は高くなっています。その「使いやすさ」は、「人」による力です。「人」が「使いやすい」学校図書館を創り出し、子どもの読書を支えているのです。

「人」のいる学校図書館は、何よりも開館時間が長くなります。昼休みだけではなく放課後や中休みも開館できます。そうした図書館は図書館機能が発揮され図書館サービスを展開しやすい条件が整います。そして、当然にも「利用者数、貸出冊数が増加する」「レファレンスサービスができるようになる」のです。そして、「学習に必要な資料が揃うようになる」のです。「学習に必要な資料」が揃うか否かも、「人」の配置と深く関わっています。「人」の配置は、他の図書館サービスの質や量に大きな影響を与えるのです。

(4) 学校図書館担当者の認識

次に、学校図書館を担当しているその「人」が、学校図書館に何を期待し、どのような思いを有しているかと関わり述べたいと思います。この点も「セーフティネット」としての学校図書館の有り様に大きな影響を与えます。

大学の講義で、学生に「学校図書館の利用体験」を質問することがあります。豊かな図書館利用体験のある学生の話を聞いていた別の学生は、「学校図書館ってそうなの！」と驚くことがあります。「僕（私）には、そんな経験ないな」。学校図書館の利用体験の少ない学生は多数います。そして、そうした学生の多くは、「学校図書館はこんなもの（自分の利用体験）だ」と思っています。それだけに、他の学生の話を聞いて、改めて学校図書館の可能性を考えるようになります。一体に、人間は自分が経験したことは記憶に刷り込まれますが、経験したことのないことの認識は希薄です。特に、「読む図書館観」の豊かさに比して、「調べる図書館観」の希薄性が、しばしば見られます。

その「「調べる」機能としての図書館観」が希薄な理由は複合しています。第一の理由は、何よりも「調べる」機能を必要としない学校教育が、長い間つづいてきたことです。「黒板とチョーク」「教科書とノート」という形に体現される「教え込む」教育においては、学校図書館はそれほど必要ではないのです。しかし、次のような考え方に立てば、学校図書館の存在は必然化します。

我々は、自ら学ぶ意欲や思考力・判断力・表現力などの資質や能力の育成を重視するこれからの学校教育においては、従来のような知識を教え込むような授業の在り方を改め、子どもたちが自分で考え、自分の考えをもち、それを自分の言葉で表現することができるような力の育成を重視した指導を一層進めていく必要があると考えた。

「知識を一方的に教え込むことになりがちであった教育から、子どもたちが自ら学び、自ら考える教育への転換を目指す」との指摘です。一九九八年の教育課程審議会答申の指摘です。そして、こうした考えが、一九九〇年代前半からの学校図書館の活性化を促していきました。

しかしそれにもかかわらず、長い間、一斉画一型教育に依拠してきた教育（学習）スタイルが変化するには更に長い時間が必要なようです。知識は「与えられるもの」として存在し、「見つけ出す、獲得する」という対象にはなり得なかったのです。学校図書館に「人」が不可欠だとの考えは、学校図書館が「学び」と深く関わっているとの認識を基礎にしています。ですから、「人」の存在を確かにものとするためには、「子どもの学びと育ちを保障する」という学校図書館の位置づけが、何よりも大切なのです。

学校図書館に、「「調べる」機能としての図書館観」が希薄している第二の理由は、「人」の問題とも深く関わっています。それは、学校図書館担当者が、学校図書館機能をどれだけ理解しているかと関わる問題です。もしも、学校図書館を担当する人が、「学校図書館は「読書」機能を果たしていれば十分だ」との学校図書館観を有していたとすると、学校図書館は子どもの「学び」を保障するサービスを展開できず、子どもは学校図書館が「学び」の場としての役割を有しているとの思いを抱くことはできません。何故なら、子どもは最初から「学校図書館は学びを支える学習環境だ」との思いを持っているわけではなく、そうした思いは、学校図書館を利用するなかで経験的に抱いていくのです。

ですから、子どもの学校図書館像は、それぞれの子どものそれまでの図書館利用体験と深く関わっています。教科担任（学級担任）が、学校図書館を利用する授業を展開した経験を多く持つ子どもは、図書館の「力」を実感することができます。また、学校図書館資料を様々な場面で紹介され、利用した経験のある子どもは、「図書館の素晴らしさ」を知ることになります。そして、図書館担当者から適切な助言やサービスを得た子どもは、「図書館はすごい！」との思いを抱くことができます。

その意味において、学校図書館は図書館と子どもとの協同作業のなかで、その内実を豊かにしていくのだと思います。しかし、その「カギ」は担当者の学校図書館理解度に深く関わっています。ですから、学校図書館担当者は、改めて「学校図書館とは何か」ということを再認識することが必要になると思います。

二　「セーフティネット」を支える要件――「資料」の問題

(1)　資料の数量と更新について

「セーフティネット」としての学校図書館を支える第二の要件は、「資料」の有り様です。

学校図書館にとって資料の問題を検討する際には、二つの視点があるように思います。第一は資料収集費の問題です。古色蒼然とした資料を新しい資料に取り替えたくても資料収集費が少ないため、子どもの興味ある本を買えない、学習に必要な資料を揃えられない学校図書館はたくさんあります。文部省（当時）は、一九九三年に「学校図書館図書整備」計画を立てましたが、その達成率（一〇〇％）は、同省の先の調査によりますと、二〇一五年度末で全国的には、〈小学校〉六六・四％、〈中学校〉五五・三％です。図書整備に当てられた地方交付税の約半数弱が、実際には学校図書館資料には回っていないのです。

しかし、その整備状況の差異は、子どもの資料入手に直結します。先の高校生対象の調査（「高校生の読書に関する意識等調査報告書」）によりますと、「学校図書館の蔵書数が多い学校の生徒や年間の図書購入費の額が多い学校の生徒では不読率が低く」なっている、との結果が出ています。蔵書数が多い、図書購入費が多い、こうした学校では子どもの読みたい本、学習に使用したい本が揃っている割合が高いのです。「学校図書館図書整備」（高校はその対象ではありませんが）の一層の充実が求められます。その充実は、経済的弱者の立場におかれている家庭の子どもに対しては、より大きな効果を生み出します。「学校図書館図書整備」という問題をそうした視点から検討することも必要ではないかと思います。そして、資料収集費の少なさは、学校図書館が変わろうとしても変わり難い大きな要因をなしているのです。

そして、学校図書館資料の「更新」も大きな課題です。本も一つの物品です。年月の経過とともに物品の多くはその使用価値が薄れていきますが、本も多くの場合その例を免れることはできません。そして、使用価値を過ぎた古色蒼然とした図書館資料（本）は、子どもの図書館利用を妨げる要因となることがあります。廃棄し、更新する必要があるのです。文部科学省の先の調査（二〇一五年度末現在）によりますと、学校図書館の一校あたりの年間の新規購入冊数は、小学校（中学校、高等学校）三〇四冊（四〇七冊、四五二冊）、廃棄冊数は二五六冊（二九三冊、四三二冊）です。全国的には、新規購入一〇〇冊に対して約八〇余冊が廃棄されています。図書館担当者は、自館の蔵書を改めて点検し、「利用者のため」の蔵書構成になっているかを見直す必要があると思います。そして、廃棄対象となる図書は、極力廃棄し「魅力的な書架」をつくる必要があります。そうした書架は、子どもの学校図書館に対する満足度を高めることにつながるのです。

(2) 資料の選定について

資料の問題の第二の視点は、資料収集、すなわち選定に関わってです。実は、この選定という作業は、学校図書館では多くの場合、一人の司書教諭（学校司書）に委ねられるケースが多くみられます。有限の資料収集費と有限の資料収蔵能力のなかで、学校図書館にふさわしい一冊の資料を収集するには、その学校図書館が置かれた教育的、社会的位置を理解すると同時に、子どもの発達段階、図書館利用状況など様々な状況を複合的に判断することが求められます。それだけに、一冊一冊の本を、学校図書館の目的にそって選び出すことは、実はそう容易なことではないように思います。

それでも十二学級以上の学校では、先ほどのように、学校図書館の専門的資格を有した司書教諭が配置されていますが、十一学級以下の学校への司書教諭の配置は自治体の任意であり限定的です。私は司書教諭資格を取得することを目的に、夏季休業時を利用して開催される「学校図書館司書教諭講習」の講師を長年続けています。この講習の受講者の多くは現職の先生たちで、十一学級以下の学校の先生方も多数受講しています。私は、この講習を通じて、時には離島の、時には町村の学校図書館の様子を知ることになりますが、先生方の中には、講習を受講して、改めて選書の重要性、「選書によって学校図書館を変えていく」という認識を新たにする人がたくさんいます。そして、選書には、学校図書館に関するあらゆる知識や技術が総動員されるということを学んでいきます。選書の有り様は、学校図書館を変えていく大きな要因をなしています。ですから、選書の問題は「人」の養成の問題でもあり、そうした資格を有した人をすべての学校に配置するという教育行政の姿勢の問題でもあるのです。

ですからこの資料の問題と「人」の問題は一体です。新学習指導要領が発表になりました（二〇一七年三月三十一日）が、そのキーワードは「主体的・対話的で深い学び」です。そして、このキーワードは、「どのように学ぶか」という「学び方の学び」と関わって提起されています。そして、「学び方の学び」は、学校図書館機能の発揮なくして効果を上げることはできません。

こうした「期待」に学校図書館が応えるには、まずは知りたいことを知ることができる資料がなければなりません。特に「参考図書」(レファレンスブック)と称される資料群です。しかし、こうした資料の所蔵は、校種を問わず不十分です。資料の面で、「学び手」である子どもの要求を満足させる体制ができていません。「学び方の学び」に応える学校図書館側の体制は不十分なのです。それは、これまでの学校教育が「学び方の学び」を必要としてこなかったことの証左でもあります。

また、こうした「期待」に応えられるには、レファレンス能力を身に付けた「学び方の学び」を指導できる「人」が不可欠です。大学の講義で、高校時代に教師から「図書館で調べ物をするように」と指示された学生が、「図書館に放り込まれた」との感想を述べたことがあります。事前に調べ方の指導を受けていないのです。「放り込まれた」学生は、館内をあれこれ回り、何冊かの資料を手に取りますが、調べられずに終わることが多々あります。指導者の「不作為」は子どもに困惑をもたらし、目的を達せられないことになるのです。教える側が準備をしていない(あるいは、そうした準備が必要だとの認識がない)ために、「学び手」側を変えることができないケースです。

「人」と資料の問題がさらに前進することは、図書館サービスの質的転換をもたらすと思います。それは、学校図書館がすべての子どもの「セーフティネット」としての役割を果たすことにもつながるのです。

注

1 『朝日新聞』二〇一二年七月十四日

2 日本図書館協会図書館調査事業委員会編『日本の図書館　統計と名簿　二〇一六』日本図書館協会　二〇一七年　二〇頁

3 「義務教育は無償とする」、その範囲については学説の対立があるが、「授業料無償説」が通説である。最高裁も「無償とは授業料不徴収の意味と解するのが相当」と判断している（最高裁大法廷昭和三十九年二月二十六日『判例時報』第三六三号　九頁）。しかし今日、「無償」の範囲は「義務教育諸学校の教科用図書の無償措置に関する法律」（一九六三年）の制定により、教科用図書（教科書）にも拡大されている。また自治体によっては、給食費の無償化も増えている。『朝日新聞』（二〇一六年十二月十九日）の報ずるところによると、全国五五市町村で、公立小中学校の給食費の無償化が行われているという。

4 「教育振興基本計画」（二〇一三年六月十四日）（http://www.mext.go.jp/a_menu/keikaku/detail/__icsFiles/afieldfile/2013/06/14/1336379_02_1.pdf）［参照2017.3.20］

5 中央教育審議会答申「幼稚園、小学校、中学校、高等学校及び特別支援学校の学習指導要領等の改善及び必要な方策等について」(二〇一六年十二月二十一日) (http://www.mext.go.jp/b_menu/shingi/chukyo/chukyo0/toushin/__icsFiles/afieldfile/2017/01/10/1380902_0.pdf)［参照2017.3.20］。

6 厚生労働省「平成二十八年　国民生活基礎調査の概況」(http://www.mhlw.go.jp/toukei/saikin/hw/k-tyosa/k-tyosa16/index.html)［参照2017.6.27］

7 『朝日新聞』二〇一七年二月十四日
8 ランガナタンの「五法則」が出版という形で世に出ることになったのは一九三一年である。『図書館学の五法則』(The Five Laws of Library Science) である。そして、この書は一九八一年に、その第二版(一九五七年)がわが国で翻訳・出版された。
9 S・R・ランガナタン著、森耕一監訳、渡辺信一他共訳『図書館学の五法則』日本図書館協会 一九八一年 二七頁
10 同書 二七頁
11 イギリスの詩人・ミルトンの言葉、「真理と虚偽とを組打ちさせよ。自由な公開の勝負で真理が負けたためしを誰が知るか」は、そうした言論市場に対する限りなき信頼である。ミルトン著 上野精一他訳『言論の自由—アレオパヂティカ—』岩波書店 一九五三年 六五頁
12 「学校図書館に関する請願」『学校図書館』第二九号 一九五三年 全国学校図書館協議会 一八〜一九頁
13 森耕一編著『図書館法を読む』日本図書館協会 一九九〇年 五〜一一頁
14 『図書館雑誌』第一六四号 日本図書館協会 一九三三年 二〇七〜二〇八頁
15 『図書館雑誌』第五九号 日本図書館協会 一九二四年 二六二〜二六三頁
16 「図書館の自由に関する宣言」は、日本図書館協会において一九五四年制定され、一九七九年に改訂されている。なお同宣言は、日本図書館協会のホームページに掲載されている。
17 「宣言」は、全国学校図書館協議会のホームページに掲載されている。
18 文部省『学校図書館の手引』師範学校教科書 一九四八年 まえがき
19 「ユネスコ公共図書館宣言」は、日本図書館協会のホームページに掲載されている。

20　芦部信喜『憲法』第六版　岩波書店　二〇一五年　二七三頁
21　佐藤幸治『憲法』新版（現代法律学講座五）　青林書院　一九九〇年　五四五頁
22　『判例時報』第八一四号　判例時報社　一九七六年　三三頁
23　堀尾輝久「現代における教育と法」（加藤一郎編『現代法と市民』（岩波講座現代法八））　岩波書店　一九六六年　二〇二頁
24　前掲（芦部）『憲法』二七四頁
25　『現代用語の基礎知識』二〇〇八年版　自由国民社　二〇〇八年　八〇五頁
26　ピアス・バトラー著、藤野幸雄訳『図書館学序説』日本図書館協会　一九七八年　二三頁
27　西崎恵『図書館法』日本図書館協会　一九七〇年　四〇頁
28　『日本経済新聞』二〇一七年一月四日
29　全国学校図書館協議会「第五次「学校図書館図書整備等五か年計画」が確定」（http://www.j-sla.or.jp/slanews/post-143.html）[参照2017.3.20]
30　「子どもの読書活動の実態とその影響・効果に関する調査研究　報告書〔概要〕」（http://www.niye.go.jp/kanri/upload/editor/72/File/kouhyouhappyou.pdf）[参照2017.3.20]
31　国立教育政策研究所「平成二十八年度　全国学力・学習状況調査　報告書・調査結果資料」（http://www.nier.go.jp/16chousakekkahoukoku/）[参照2017.3.20]
32　天道佐津子編著『読書と豊かな人間性の育成』青弓社　二〇〇五年　四七頁。その大学生の読書について、全国大学生活協同組合連合会（東京）が行った調査では、一日の読書時間が「0分」の大学生は約五割（四九・一％）に上るという。平均読書時間も二四・四分である。それに対して、スマートフォンの一日あたりの平均利用時間は一六一・五分」である（『朝

日新聞』二〇一七年二月二十四日)。なおこの報道は、同連合会の「第五十二回学生生活実態調査の概要報告」によっている(http://www.univcoop.or.jp/press/life/report.html)〔参照2017.3.20〕。

33 「幼稚園、小学校、中学校、高等学校及び特別支援学校の学習指導要領等の改善及び必要な方策等について」(二〇一六年十二月二十一日)(http://www.mext.go.jp/b_menu/shingi/chukyo/chukyo0/toushin/__icsFiles/afieldfile/2017/01/10/1380902_0.pdf)〔参照2017.3.20〕

34 「学校図書館憲章」は、全国学校図書館協機会のホームページに掲載されている。

35 「全国学校図書館協議会図書選定基準」は、全国学校図書館協機会のホームページに掲載されている。

36 「二十世紀を振り返り二十一世紀の世界秩序と日本の役割を構想するための有識者懇談会　報告書」(二〇一五年八月六日)(http://www.kantei.go.jp/jp/singi/21c_koso/pdf/report.pdf)〔参照2017.6.19〕

37 前掲『図書館学の五法則』八三頁

38 教育勅語は、戦後(一九四八年)、衆議院での「教育勅語等排除に関する決議」、参議院での「教育勅語等の失効確認に関する決議」により、排除、失効が確認された。その衆議院決議では、「これらの詔勅の根本理念が主権在君並びに神話的国体観に基いている事実は、明かに基本的人権を損い、且つ国際信義に対して疑点を残すもととなる。よって憲法第九十八条の本旨に従い、ここに衆議院は院議を以て、これらの詔勅を排除し、その指導原理的性格を認めないことを宣言する」としている(『官報』号外　第二回国会衆議院会議録第六十七号(昭和二十三年六月二十日)六六九頁(http://kokkai.ndl.go.jp/SENTAKU/syugiin/002/0512/00206190512067.pdf)

[参照2017.6.19]。教育勅語は「明かに基本的人権を損い」としている。なお憲法第九十八条とは、憲法の最高法規性を規定した条文である。

39 「初等中等教育における教育課程の基準等の在り方について」(諮問)(http://www.mext.go.jp/b_menu/shingi/chukyo/chukyo0/toushin/1353440.htm)[参照2017.3.20]

40 内閣府「特集 今を生きる若者の意識~国際比較からみえてくるもの~」(http://www8.cao.go.jp/youth/whitepaper/h26gaiyou/tokushu.html)[参照2017.3.20]

41 「人口、経済社会等の日本の将来像に関する世論調査」(調査は、一般社団法人中央調査社が実施)(http://survey.gov-online.go.jp/h26/h26-shourai/index.html)[参照2017.3.20]

42 『朝日新聞』二〇一六年八月二十日

43 文部省『学校図書館の手引』師範学校教科書 一九四八年 七頁

44 学校図書館法の成立を報じた『文部広報』では、「付則第二項で「当分の間置かないことができる」と規定された。そこで事務的には、ほぼ十年間で将来の学校増加を見こんでこの講習を進める計画を研究中である」と記されている。『文部広報』第六〇号 文部省 一九五三年 二頁

45 「政令で定める規模以下の学校」とは、「学校図書館附則第二項の学校の規模を定める政令」(一九九七年)に基づき、「十一以下の学校とする」と規定された。

46 「平成二十八年度『学校図書館の現状に関する調査』結果について」(http://www.mext.go.jp/a_menu/shotou/dokusho/link/__icsFiles/afieldfile/2016/10/13/1378073_01.pdf)[参照2017.3.20]

47 全国学校図書館協議会『学校図書館五〇年史』編集委員会編『学校図書館五〇年史』全国学

校図書館協議会　二〇〇四年　五〇頁

48 「これからの学校図書館の整備充実について（報告）」（二〇一六年十月）（学校図書館の整備充実に関する調査研究協力者会議）（http://www.mext.go.jp/component/b_menu/shingi/toushin/__icsFiles/afieldfile/2016/10/20/1378460_02_2.pdf）[参照2017.3.20]

49 「特集にあたって」『学校図書館』第七六六号　全国学校図書館協議会　二〇一四年　一三頁

50 株式会社浜銀総合研究所「高校生の読書に関する意識等調査報告書」(http://www.kodomodokusyo.go.jp/happyou/datas.html) [参照2017.3.20] なおこの調査は、「平成二十六年度文部科学省委託調査」として行われた。

第四章　図書委員会活動の意義と活動内容

――自主性、主体性を基礎に子どもを育てる

第一節　教育課程と特別活動

一　教育課程の一領域としての特別活動

図書委員会活動に、特別な思いを抱いている人は多数いると思います。「図書」を介して、協同して行動するなかで、共に達成感を味わったり、時には異なった意見に突き当たり戸惑ったり、時には自分の将来の方向性を見つけたり。委員会活動を通して、その後の人生につづく大切な「時代」を経験した人は多数いることと思います。

その図書委員会活動とは、学校図書館を主たる活動の場として、児童生徒の自主性、主体性を基に展開される教育活動です。その活動は、学校教育においては多くの場合、特別活動の一環として、小学校では児童会活動、中学校・高等学校では生徒会活動の一分野として行われています。そこでまず、「特別活動」について述べたいと思います。

「特別活動」という言葉は、一般にはなじみの薄い言葉ですが、その内容は学習指導要領に定められています。現行学習指導要領では、特別活動は、教育課程を構成する一領域として、他の領域とともに、校種ごとに次のように定められています。

一　小学校は、各教科、道徳、外国語活動、総合的な学習の時間そして特別活動

二　中学校は、各教科、道徳、総合的な学習の時間そして特別活動

三　高等学校は、各教科、総合的な学習の時間そして特別活動

どの校種にも、特別活動は含まれています。なお、今年（二〇一七年三月三十一日）発表になった新学習指導要領（注1）によると、道徳は「特別の教科　道徳」となっています。

そして、現行学習指導要領では、特別活動の目標が、次のように記されています（小学校）。

望ましい集団活動を通して、心身の調和のとれた発達と個性の伸長を図り、集団の一員としてよりよい生活や人間関係を築こうとする自主的、実践的な態度を育てるとともに、自己の生き方についての考えを深め、自己を生かす能力を養う。

また新学習指導要領では、その目標が、次のよう記されています（小学校）。

集団や社会の形成者としての見方・考え方を働かせ、様々な集団活動に自主的、実践的に取り組み、互いのよさや可能性を発揮しながら集団や自己の生活上の課題を改善することを通して、次のとおり資質・能力を育成することを目指す。

そして、具体的に三点の育成すべき資質・能力が述べられています。

この目標は、すべての校種に（ほぼ）共通で、ここには、集団活動、自主的・実践的取り組み、自己の生活上の課題の解決などといったキーワードが見られます。学校は、地域の子どもたちが「共に学ぶ」場ですが、その共同的社会（学びの場、育ちの場）という特性を最大限に生かしながら、子どもたちが、共に考え、共に活動し、そのなかで自他の違いを認識・尊重しながら自主的、実践的な態度を身につけていく、特別活動には、そうした「学びと育ち」の営みが内在化しています。

二　特別活動の位置づけの変遷

その「特別活動」という名称が学習指導要領に初めて登場するのは、小学校は一九六八年、中学校は一九六九年、そして高等学校では一九七八年からです。

それまでは、一般的に「特別教育活動」という名称が使用されており（「教育」が付いていました）、その「特別教育活動」という名称が学習指導要領に初めて登場するのは、戦後最初に出された学習指導要領（一九四七年）が改訂される一九五一年（第一次改訂）のことです。この改訂（第一次改訂）で、中学校、高等学校の教育課程において、「特別教育活動」という名称が登場しました（注2）。ですから、第一次改訂は、特別活動（特別教育活動）の出発点です。それゆえ、特別活動を考える際には、この第一次改訂にどのようなことが記されていたのかを知ることが重要になります。

その第一次改訂の中学校版では、次のように記されています（注3）。

教育の一般目標の完全な実現は、教科の学習だけでは足りないのであってそれ以外に重要な活動がいくつもある。教科の活動ではないが、一般目標の到達に寄与するこれらの活動をさして特別教育活動と呼ぶのである。したがって、これは単なる課外ではなくて、教科を中心として組織された学習活動でないいっさいの正規の学校活動なのである。

教科の学習においても、「なすことによって学ぶ」という原則は、きわめて重要であり、実際にそれが行われねばならないが、特に特別教育活動はこの原則を強く貫くものである。

児童生徒の自主的な集団活動は、子ども自身が「なす」ことを通じて学ぶ（「なすことによって学ぶ」）ということが強調されています。特別教育活動は、子どもの自主性、主体性を軸とした活動ですが、その子どもが、自分たちの学校生活に関する事柄を他者と協同しながら解決策、向上策を考え、それを自らが「なすこと」によって問題に立ち向かっていく、そのことが、子どもの「学び」そのものになっていくという考えです。

この「なすことによって学ぶ」という考えは、今日の特別活動の根幹を形成しているものでもあります。現行学習指導要領解説（特別活動、中学校編）（注4）には、「特別活動の教育的意義」の一つとして、「実際の生活経験や体験活動による学習、すなわち「なすことによって学ぶ」ことを通して、全人的な人間形成を図るという意義を有している。（略）また、「なすことによって学ぶ」ことを通して、教科等で学んだことを総合化し、生活や行動に生かすという自主的、実践的な態度を育てることができる」との記述があります。

自主的、実践的な態度の育成と結びついた「なすことによって学ぶ」という考えは、今日における特別活動を貫く基本原則でもあります。

三　現行学習指導要領と特別活動（児童会活動、生徒会活動）

その特別活動は、現行学習指導要領（新要領も同様）によると、次のような領域から構成されています。

一　小学校…学級活動、児童会活動、クラブ活動（四年生以上）、学校行事
二　中学校…学級活動、生徒会活動、学校行事
三　高等学校…ホームルーム活動、生徒会活動、学校行事

そして、本章がテーマとする「図書委員会」は、児童会（生徒会）活動のなかに位置づけられる児童生徒の自主的、主体的活動です。

その児童会（生徒会）活動の指導の際に配慮すべき事項として、現行学習指導要領（「指導計画の作成と内容の取扱い」）には、次のように述べられています。

児童会（生徒会）活動の指導については、指導内容の特質に応じて、教師の適切な指導の下に、児童（生徒）の自発的、自治的な活動が効果的に展開されるようにするとともに、内容相互の関連を図るよう工夫すること。また、よりよい生活を築くために集団としての意見をまとめるなどの話合い活動や自分たちできまりをつくって守る活動、人間関係を形成する力を養う活動などを充実するよう工夫すること。

「児童（生徒）の自発的、自治的な活動が効果的に展開されるよう」配慮すべきと記されています。この部分は、教師の「適切な指導」が、どのような点に留意して行われるべきか、その方向性を示している点において重要な位置を示す記述です。

この部分（「教師の適切な指導」）について、高等学校の現行学習指導要領解説（特別活動編）では、次のように詳細にその考えが説明されています。

生徒会活動は、生徒自らが自発的、自治的に集団活動を進めていくという特質をもっている。そこでは、全生徒がそれぞれの役割と責任を分担し、活動の計画を立て、主体的に活動を展開していくことによって、特性等を伸ばし、自主的、実践的な態度を高めていくとともに、豊かな人間性、社会性を養っていくことに大きな意義がある。

今日、特別活動の一環として位置づけられる「児童会（生徒会）活動」は、児童（生徒）の「自発的、自治的」活動として展開されると解説しています。「児童会（生徒会）活動」は、児童生徒自身による活動であり、児童生徒自身が「なすことによって学ぶ」活動です。そして、そうした活動を通じて、児童生徒は「自ら考え、自ら判断」し、それが行動へと結びついていくわけです。図書委員会活動が、こうした性格を有した教育活動の一環として行われることは、とても意義深いものだと思います。

第二節　特別活動の一分野としての図書委員会活動

一　図書委員会の種類

本章がテーマとする図書委員会は、「基本的には」特別活動の一領域である児童会（生徒会）活動のなかに位置づけられる児童生徒の自主的、主体的活動です。「基本的には」と括弧書きにしたのは、図書委員会との名称がついていても、児童会（生徒会）組織とは別個の学校（長）直属の下に置かれる形が皆無ではないからです（注5）。しかし本章では、児童会（生徒会）活動のなかに位置づけられる図書委員会を軸に論じたいと思います。

その図書委員会の位置づけは、各学校の実情により一様ではありませんが、一般的には児童会（生徒会）組織内に設けられた「各種の委員会」の一つとして位置づけられています。その委員会にも常設の委員会（生活規律に関する委員会、健康・安全や学校給食に関する委員会、環境美化に関する委員会など）、特別に組織される委員会（文化祭などの実行委員会）がありますが、図書委員会の多くは、常設された委員会の一つです。

二　図書委員会の構成

その図書委員会活動を担うのが図書委員です。すなわち図書委員会は、図書委員によって構成されています。そこで、次にその図書委員会の構成について述べます。しかし委員会が、どのようなメンバー（委員）により構成されるかは、各学校により異なっています。次に一般的に見られる構成について記したいと思います。

第一は、各クラスから選出された委員によって図書委員会を構成する場合で、最も代表的な委員会構成の事例です。

この場合、その委員をどのように選出するか（選出方法）という問題がありますが、その方法には多様なケースがあります。立候補（希望）制、公選制、推薦制、あるいは教員による指名制（任命制）などです。そして、この選出自体が「自主的、実践的な態度」を育てることと深く関わっており、選出の過程は、児童生徒が一人の市民として活躍する社会での「社会参画」の機会を経験することでもあります。また委員会活動は、児童生徒の自主的、主体的活動を基盤としている以上、これらの選出方法のなかでも、基本的には立候補（希望）制が望ましいと思います。「基本的」に（留保的な表現）としたのは、児童生徒のなかには、図書委員になりたいと思っても立候補を躊躇する場合があり、また立候補がない場合もあるからです。教師の「適切な指導」が求められる場合です。

こうした構成方法は、必要な図書委員数が得られるとともに、各学年、各クラスに委員がいるので、委員会活動が学校全体の活動として展開されるのにふさわしい方法です。またその委員会は、児童会（生徒会）の一組織に組み込まれるため、全校児童生徒の要求や意見が、学校図書館の運営や活動に反映されやすいという特徴を有しています。特に、自ら委員になった（立候補）場合は、こうしたプラスの特徴が顕著に表れることになります。しかし、選出方法によっては「不本意」で委員になることもあるため、自主性、主体性が発揮され難いことも生じます。こうした場合には、教師の「適切な指導」が必要になってきます。なぜ選出されたのか、その選出への「期待」を伝えるとともに、図書委員会活動の具体的内容を説明することが大切です。そうした児童生徒への接し方が、図書委員の活動を自主的、主体的活動へと結びつけることになるのです。

第二は、児童生徒のなかから任意に希望した者が図書委員になり図書委員会を構成する場合です。この場合の組織名は「図書局」と呼ばれることが多く、その構成員は「図書局員」と呼ばれます(注6)。

その図書局員を構成員とした図書委員会(図書局)活動は、自らの意思で委員(局員)になるため、委員には図書館の仕事、あるいは読書が好きな子どもが多く、自主性という点からは望ましく、自らの創意工夫による積極的で活発な活動が展開されやすいといえます。また希望者が委員会を構成しているため、クラブ活動的色彩を有している点も特徴です。

他方、希望のみでは委員会活動に必要な委員(局員)数を得られないことがあります。また、クラスに一人も委員がいない、年度により委員数の変動が大きい、学年間での委員数の不均衡などが生じることもあります。そのため、委員会活動が全校的に広がり難い側面も有しています。しかし名称は「図書局」であっても、その活動は児童会(生徒会)活動の一環として、特別活動のなかに位置づけられています。

第三は、選出による委員と希望による委員とが一緒になって委員会を構成する場合です。この場合は、必要な委員数が得られるため、第一のケースの長所を引き継ぐことができますが、選出委員と希望委員との間に意識の違いが生じる可能性があります。また、クラスとの連携を意識するか趣味的な傾向を重視するかという相違も生じかねません。この場合も、教師による「適切な指導」の下で、統一した委員会活動ができるようにすることが重要になってきます。

三　図書委員会の組織

図書委員会が、児童生徒の自主性、主体性に基づき展開されるためには、その組織はできるだけ児童生徒自身によって運営されることが大切です。

そのためには、児童生徒が委員会の責任者（委員長、局長）になると同時に、必要な役員（副委員長、書記、会計など）を置くことになります。しかし、責任者である委員と他の委員との関係は「主従」「命令・服従」の関係ではありません。「集団の一員としてよりよい学校生活づくりに参画」（現行学習指導要領、特別活動）している委員間における役割分担です。それだけに委員は、お互いに「協力して諸問題を解決」（現行学習指導要領、特別活動）するという気持ちや姿勢を持ち、それを実践していくことが大切です。

特に「集団の一員としてよりよい学校生活づくりに参画」することは、「望ましい人間関係の形成」と合わせて、現行学習指導要領の「児童会（生徒会）活動」の「目標」に掲げられています。他者との関係性が希薄になりがちな今日の状況は、子どもをめぐる今日的状況でもあります。そうしたなかで、社会性、協調性、規範性を培うことができない場合も生じています。それだけに、異年齢集団のなかで、「集団の一員として」「協力して」学校生活を過ごすことには大きな意義があります。図書委員会活動にもそうした大きな意義が内在化されているのです。

そして、図書委員会が担う活動は多岐にわたっているので、委員会内には活動の内容に応じた複数の班（係）を編成するとよいと思います。館報（図書館だより）作成班、図書館行事班、調査統計班などです。また図書委員の多くは、図書の貸出、返却などの仕事（当番業務、カウンター当番）を担っています。それだけに、図書委員会をどのように組織するかは、日常的な図書委員会活動を展開するのに、極めて重要なことです。

しかしその組織も、学校規模により一様ではありません。学校規模が大きい場合、たとえば中学校・高等学校十八学級（一学年六学級）の場合、一学級から二人を選出すると三十六人の委員が委員会に所属することになります。この委員数は、四十人学級を基本にすると一学級の生徒数に相当する数です。それだけに、委員間の意思疎通、課題の共有が重要な視点となります。他方小規模校の場合、たとえば中学校・高等学校六学級（一学年二学級）の場合、同様に一学級から二人を選出すると十二人の委員が委員会に所属することになります。この人数では、日常の当番業務にも支障が出かねません。それだけに、組織の編成や活動の方法に工夫が求められます。また希望制に基づく図書局の場合は、局員数の不安定さをどのように解消し、図書委員会活動を持続させるかという大きな課題を背負うことになります。

また委員会の円滑な運営のためには、委員長（局長）の選出は委員が納得できる方法で行われることが大切です。また編成された班（係）の委員は固定化されるのではなく、一定の時期を経て変更したらよいと思います。そうすることにより、全員が委員会活動の内容を自ら理解し、その任務を担う意識をより高めることができます。また、委員の意見が委員会活動にできるだけ反映されるために、委員会は定期的に会議を開き、相互に意見を交流しつつ活動を進める必要があります。

第三節　図書委員会の誕生

一　『学校図書館の手引』（一九四八年）

図書委員会が児童会（生徒会）のなかの委員会の一つとして、学習指導要領に具体的に記されたのは第一次改訂（一九五一年）においてです。同改訂では、「小学校の教科と時間配当」のなかで、自由研究に代わる「教科以外の活動」の一例として、「民主的組織のもとに、学校全体の児童が学校の経営や活動に協力参加する活動」に児童会が例示されており、そのなかの「種々な委員会」の一つとして、学校新聞の発行、学校放送の実施、校舎内外の清掃・整備などの委員会と並んで「学校図書館の運営」に関する委員会があげられていました（注7）。

しかし実は「図書委員」は、その学習指導要領（第一次改訂）に先立つ三年前に、戦後教育改革のなかで出された、文部省の文献のなかに登場していました。『学校図書館の手引』（一九四八年、以下『手引』）という文献です。『手引』は、第一章で論じたように、「学校図書館は、新しい教育においては、きわめて重要な意義と役割とを持っている」（注8）との認識の下に、学校図書館の意義とその教育的役割などを解説した文書で、戦後の学校図書館の出発点に位置する文献です。

その『手引』では、「新教育における学校図書館の意義と役割」（第一章）、「学校図書館の組織」（第二章）、「学校図書館の整備」（第三章）という章があり、つづく「学校図書館の運用」（第四章）において、「学校図書館が活発に動き十分に利用されるため」に備えるべき五つの要件を記しています。その四番目、五番目に次のような要件が記されています（注9）。

4　生徒が図書館の運営に十分に参与していること。そのために「自分たちのもの」という親しさと気やすさをもって利用し、めいめいが、その運用に責任を感ずるようであること。

5　生徒が教師の「監督」を離れて、自由に、のびのびと活動できるように配慮されていること。

学校図書館の運営に、生徒が「十分に参与していること」、そして、その活動は、「教師の「監督」を離れて、自由に、のびのびと」できるよう配慮することが記されています。そして、その活動の具体的内容として「図書委員の構成と活動」という節（第一節）において、次のように記されています（注10）。

学校図書館の運用は、あくまでも生徒の読書生活の現実に立脚して、下から読書生活を盛り上げて行く方向をとるべきである。そのためには教師が作って与えるよりも、生徒の自発性と自主性とを尊重し、その運営について十分意見を述べさせ、仕事と責任とを持たせるようにしなければならない。

こうした学校図書館の運営を担う生徒側の担当者が「図書委員」と称されたのです。そして『手引』では、先の「図書委員の構成と活動」という節のなかで、続いて図書委員には二種類あることが詳述されています(注11)。その第一は「学級図書委員」です。読書生活に関する学級の代弁者、学級文庫の運営責任者です。具体的にその任務として、教師の指導のもとに、図書の選択と購入、出納と貸し出しの事務、保存・修理・整理、さらに読書相談などがあげられ、「学級全員の読書生活の向上のために尽力する」となっています。

第二は「学校図書委員」です。所属学級全員の意向を代弁するとともに、学校図書館の全体的運営の立場から自己の学級文庫の運営に適切な助言を与えることが期待されています。更に他の学校自治委員とともに学校全体の自治的運営に参加し、その重要な一部門を受け持つとされています。そして、この学校図書委員に教師の図書委員を加えて「学校図書委員会」を構成することになっており、学校図書委員は、学校図書館運営の「中核体」と位置づけられています。もちろん、こうした活動は、教員が「中心的責任者」ですが、この委員会を運用する上で「最もたいせつな点」として、次のように記されています(注12)。

この委員会を運用する上で、最もたいせつな点は、教師の計画や発意によって、上から下へ押しつけるようなさしずを与えないことである。生徒に十分意見を述べさせ、教師も意見を述べて、その中からもっとよい運用の方法を引き出すようにしむけるならば、学校図書館を運営する仕事の大部分は、生徒の委員たちが喜んで、かつ責任を感じて受け持つようになるであろう。

ここに記された図書委員は、その後、学習指導要領に記される特別活動（特別教育活動）の一環としての図書委員会を担う図書委員とは同一ではありません。しかし、学校図書館が誕生した戦後の早い時期に、学校図書館運営の「中核体」として、生徒の自発性と自主性とを尊重した活動が想定されていたことは、極めて注目すべきことです（注13）。

こうした「図書委員」構想は、『手引』の翌年に出された「学校図書館基準」にも登場しています（注14）。「学校図書館基準」とは、第一章で紹介したように、学校教育法施行規則（一九四六年）第一条には、学校の目的を実現するために必要な設備として「図書館又は図書室」が例示され、その設置に当たっては「別に定める設置基準」によることとされていました。「学校図書館基準」は、その別に定める「基準」として制定されたものです。「基準」は、文部省内に設けられた学校図書館協議会が、文部大臣の諮問（「学校図書館の充実活用を図る方策如何」）に応える形（「答申」）で、一九四九年に出されました（注15）。

その「基準」には、学校図書館の㈠基本原則、㈡図書、資料、㈢建物、設備、㈣経費、につづいて、㈤人の構成という箇所があります。専任の司書教諭の配置、事務助手の配置といった「人」の重要性を指摘した部分です。その最後に、「児童生徒の委員を選出して積極的に運営に参加させる」という記述があります。既述の『手引』に記された（教師の適切な指導があれば）「学校図書館を運営する仕事の大部分は、生徒の委員たちが喜んで、かつ責任を感じて受け持つようになるであろう」との考えと同じです。

自主性や主体性が求められた戦後初期の教育のなかで図書委員が想定され、学校図書館の運営が、その委員の「自発性と自主性」（『手引』）を尊重して行われるべきであるとの指摘は、約七十年を経た今日の学習指導要領（特別活動）の基本的考えにも繋がるように思います。その現行学習指導要領では、特別活動は児童生徒の「自主的、実践的な態度を育て」ることを目標の一つに掲げ、児童会（生徒会）活動の指導に当たっては、児童生徒の「自発的、自治的な活動」が効果的に展開されるよう工夫することを配慮事項として記しています。

二　「学校図書館基準」（一九四九年）

しかし『手引』における図書委員が、学校においてどのような位置づけを有していたのか、そのことを理解するには、もう少し当時の学校図書館事情を知る必要があります。

既述のごとく、『手引』が刊行されたのは一九四八年、戦後三年目です。そして、学校図書館の基本を定めた学校図書館法が制定されたのは一九五三年、『手引』の五年後です。その学校図書館法で、初めて司書教諭の法制化が実現しました(注16)。ですから、『手引』刊行の際には、学校図書館を担う「人」に関する法的な「決まり事」はなかったのです(注17)。

しかし学校図書館を設置する以上、「人」の存在は不可欠です。『手引』には、その「人」について、「学校図書館の組織」(第二章)の「人の構成とその運営」という部分で、「学校図書館はいかに小さい規模のものであっても、形の上からは司書・事務員の二つの職制が必要である」として、その「人」について次のように述べています(注18)。

司書は教師の中から選ばれ、学校図書館の経営に全責任をになう。本格的に図書館経営をすることになると、相当の専門的知識を必要とするが、現状では、図書館教育を受けた教師もいないことであるから、選ばれた人は、今後、専門的な技術を習得するように進んで行く必要がある。

しかし同時に『手引』は、「小、中学校の場合では、専任の司書を置くことは現状においてはほとんど望みがない(略)、事務員も、小、中学校では専任者を置くことができないであろう」と、

「人」の配置の困難性を指摘しています。しかし、学校図書館に「人」は不可欠です。そのため、「運営のしかたによっては、そのつかさどるべき事務の大部分を、生徒の図書係または委員が分担して行うことができると思う」と続けています(注19)。そして、「教師の適切な助言があれば、次第に組織化され、学級の中で図書委員が選ばれ、図書部の組織がつくられ、さらに全校生徒の組織にまで発展して行くであろう」と、学校図書館運営に対する児童生徒の積極的な参加を期待していいます(注20)。そうした考えの下、既述した学級図書委員、学校図書委員が組織されたと考えられます。すなわち、図書委員には学校図書館運営という教育的営為の一端をも担うことが期待されていたのです。換言すれば、「人」の不存在が、図書委員の活動への期待を高めて行ったのです。

先に『手引』の翌年に出された「学校図書館基準」を紹介しましたが、その「基準」にも既述のごとく、「児童生徒の委員を選出して積極的に運営に参加させる」と記されています。そして、その「基準」を解説した文献(『学校図書館基準―解説と運営―』)には、児童生徒の委員(図書委員)の活動が、次のように説明されています(注21)。

児童生徒を委員に選出してこれによって縦横の活動をさせ、活発な図書館活動を展開してゆく。ここに学校書書館《ママ》の妙味がある。これらの委員は趣味として、勉強として、経験として、又務めとしてこの委員となり、委員をつとめるのである。人件費は一文もいらない。管理と和をえさえすれば委員は教師の想像以上のよい働きをするものである。

「人件費は一文もいらない」「教師の想像以上のよい働きをする」、図書委員を学校図書館運営の「担い手」として位置づけていることを、端的にうかがい知ることができる一節です。ですから、『手引』に記された「学校図書委員会の果たす仕事」には、「図書館事務の担当」として、帳簿整理・諸掲示・図書購入・目録カード作製・修理等の事務が列挙されています。また、新聞雑誌のとじ込みと整理、読書調査の整理などもあり、「委員の仕事はなかなか多い」と記されています。そして、この節（「図書委員の構成と活動」）は、次の思いを込めて終わっています（注22）。

こうして、地方の実情、経費の関係、校舎の状況等に応じて、たとい設備に多くを望みえなくても、経営のしかたにいろいろとくふうをこらして、「自分たちの図書館」をつくって行くことができるであろう。

こうした記述からは、戦後三年目のわが国の学校図書館の状況を垣間見ることができます。学校図書館は「新しい教育においては、きわめて重要な意義と役割を持っている」（『手引』）と認識されましたが、その学校図書館を支え、発展させるためには、「経営のしかた」に工夫をこらす必要があり、その「工夫」の一つとして、図書委員が考えられたのです。図書委員の「働き」に期待が込められていたのです。

しかし、そのこと自体はこの時期、特段特異なことではありません。学校教育全体が、「人・金・物」に恵まれなかった時代です。それは、学校図書館も同様です。『手引』の五年後（一九五三年）に成立した学校図書館法は、議員立法として上程・可決されましたが、その上程の際に、提案者が述べた提案理由（補足説明、参議院）では、当時の学校図書館の状況を具体的な数字を示しながら、学校図書館は「設置状況といい、この人的要素の面といい、共に憂うべき現状にある」（注23）と訴えていました。「人」の状況も「憂うべき」状況にあったのです。それゆえ、学校図書館を公費でまかなうこと（金）、専任司書教諭や事務職員の配置（人）などを求めて、学校図書館法制定の必要性を訴えたのです。

学校図書館の「力」で、新しい時代を担う人材を育てたいと考えていたのです。その学校図書館法制定の原動力となったのは全国学校図書館協議会（一九五〇年創立）ですが、その初代会長は、法制定三カ月後に出されたある文献に、その思いを次のように述べています（注24）。

わたくしは、学校図書館を、教育の中のものと考えていた。教育のいとなみであり、学校図書館を通じて、思考する人間をつくり、みずから問題を解決していく自主的な人間を育成したいと考えたからである。学校図書館を円心として、新しい教育を展開していきたいと思ったからである。

第四節　図書委員会活動の内容――特に「奉仕的活動」

一　図書委員会活動の複合的性格

しかし、こうした図書委員の「力」を借りた学校図書館運営の出発は、その後の学校図書館の有り様にも、本章がテーマとしている図書委員会の有り様にも大きな影響を与えたと思います。私は十五年前（二〇〇二年）に、機関誌『学校図書館』（全国学校図書館協議会）が「図書委員会の役割と活動」を特集したときに、「図書委員会活動はどうあるべきか」というタイトルの拙論を書いたことがあります。その拙論の冒頭に、「図書委員会の二つの側面」として、次のように記しました（注25）。

図書委員会活動は、二つの側面を有している。その第一は、生徒会活動の一部をなす生徒の自主的活動としての面であり、第二は日々の教育活動を支える奉仕的活動としての面である。

第一の側面は、特別活動としての図書委員会の自主的、主体的活動です。しかし図書委員会活動には、さらに「奉仕的活動」としての側面をも有しているとして、先の拙論では、つづいて次のように記しました(注26)。

図書委員会活動のいくつかは、学校教育において「欠くことのできない基礎的な設備」(学校図書館法第一条)として位置づけられた学校図書館の任務と重なり合っている。図書の貸出、返却本の配架、ときには選書、レファレンスへの対応などといった図書委員が行っている活動のいくつかは、学校図書館の中核的任務としての奉仕的活動に属するものであり、本来は司書教諭をはじめとする学校図書館担当者がなすべきものである。そうした任務の一端を図書委員が担っていることとなる。

図書の貸出、返却本の受付、配架などは、図書委員会活動では、しばしば見られる図書委員の任務です。図書委員の「当番業務」の多くは、こうした活動です。更には、蔵書点検、日常的な書架整理、利用統計の作成、ラベルの貼付、時には簡単なレファレンス(利用時間、利用方法、資料の所在の案内など)への対応も図書委員が行っている場合があります。これらの業務は、学校図書館運営においては常態的な業務で、図書委員の存在に関わらず、学校図書館として担うべき業務です。そして、これらの業務を含めて「学校には、学校図書館の専門的職務を掌らせるため、司書教諭を置かなければならない」(学校図書館法第五条一項)ことになっています。そして二〇一五年には、学校には「専ら学校図書館の職務に従事する職員」（学校司書）を置くよう「努めなければならない」との法改正も実現しました（同法第六条一項）。

しかし、その司書教諭も長きにわたり（四十四年間）、「当分の間置かないことができる」（「配置猶予」措置）状態が続いてきました（学校図書館法附則第二項）。その間、多くの学校では専門的知識を有した司書教諭は配置されませんでした。その配置猶予規定も、一九九七年の法改正により撤廃（但し十一学級以下の学校では、現在も配置猶予措置は継続）されましたが、長きにわたる司書教諭の不存在などにより、実質的に学校図書館は、図書委員（会）の存在を抜きにしては運営が困難であったのも実情です（注27）。図書委員が、学校図書館の日々の運営を支える有力な一員となってきたのです。「奉仕的活動」としての図書委員会活動です。

二「奉仕的活動」の内容

その学校図書館は、「教育課程の展開に寄与」し、「児童生徒の健全な教養を育成」するという重要な目的を有しています（学校図書館法第二条）。ですから、奉仕的活動を担う図書委員会活動は、学校図書館の業務を通して、学校教育が果たすべき任務とも深く関わっているのです。

その「奉仕的活動」には、およそ次のような活動があります。

(一) 貸出・返却などのカウンター当番

㈡　書架の整理・整頓
㈢　館内の清掃・整頓
㈣　簡単なレファレンスへの対応（利用時間、利用方法、資料の所在などの案内）
㈤　図書の配架（返却本を請求記号順に配架する）
㈥　蔵書点検

こうした活動が円滑に行われるためには、図書委員会の指導者である教師には、他の委員会指導とは異なった指導が求められます。たとえば、次のような事項の指導が必要です。

㈠　カウンターでの対応に際しては、接遇時の態度やことばづかいへの配慮の大切さを指導する。
㈡　図書委員は、貸出、返却の受付の際に、誰がどんな本を借りたのかを知る立場にある。しかし利用者の利用事実は、利用者のプライバシーに属することなので、他に漏らさないことを周知する。
㈢　配架する際を含めて、図書委員会活動には、分類、目録などの資料の組織化、請求記号の意味など図書館に関する基礎的な知識が必要になる。日本十進分類法（ＮＤＣ）など図書館に関する簡単な知識を習得させる。

三　カウンターでの接遇

カウンターでの対応は、とても大切なことです。カウンターは、利用者にとっては図書館利用の「入り口」に当たる場所です。

司書資格を取得するための必修科目に、「図書館サービス概論」という科目があります。その科目では、「利用者に対する接遇・コミュニケーション、広報」という事項を取り扱うことになっていますが、ある教科書では、その事項を扱った部分で、特に「カウンターで注意すること」として七項目が例示されています（注28）。そのなかには、カウンター業務を担う図書委員にも参考になる項目があります。たとえば、

㈠　図書館を代表して利用者に接していることを、絶えず自覚していること。
㈡　面倒がるようなそぶりや冷淡な様子は見せないこと。
㈢　誰にでも公平および公正な態度で接すること。
㈣　図書や資料などを受け渡すときは、必ず利用者の顔を見て「お待たせしました」など一声かけること。

こうした接遇によって、利用者が「また図書館を利用しよう」との思いを抱くことにつながる

のです。それだけに、図書委員会の指導者は、図書委員にもこのような接遇の態度を身につけるよう指導することが必要です。そのことは、児童生徒の学校図書館利用を一層促進させ、ひいては学校図書館の目的の実現を側面から支援することになるのです。また、図書委員が、図書委員会活動を通じて、このような接遇の態度を身につけることは、「望ましい人間関係の形成」（現行学習指導要領、特別活動）の基本を培うことにもなるのです。

四　利用者のプライバシーの保護

利用者の利用記録を他者に漏らさない、すなわち利用者のプライバシーを守ることは、とても大切なことです。本を読むことは、その著者の「思い」に触れることです。その思いに賛同するか否かに関わらず、著者の思いに触れることです。そして読者は、その思いから様々なことを学び、感動し、時には反発しながら、自己の思想や人格を形成していくわけです。いわば本を読むことは、著者との対話です。ですから、その対話が自分以外の他者に知られることは、「自己の心の裡《うち》を知られることになるのでは」と考える人がいることも当然なことです。

私は、大学で司書教諭資格の取得を目指している学生に、資格取得のための科目を教えています。その際に、貸出方式を説明することがあります。貸出方式には、ノート式、カード式、コンピュータ式など様々な方式がありますが、学生に自分の小中高校時代に体験した貸出方式を思い出し発表してもらうことがあります。最近は、コンピュータ式が多くなっていますが、なかにはカード式の一つである「ニューアーク式」を経験した学生も多々います。ニューアーク式では、利用者は資料を借りる際に、資料の裏表紙に貼付されているブックポケットに収められたブックカード（資料名が記されている）に利用者氏名（または出席番号）を記入することとなります。そのため、資料の返却後も利用者の貸出記録がブックカードに残り、ひいては、その記録が図書館以外の人の目に触れるという問題性を内在化しています（注29）。

そのため、このニューアーク式を経験した学生のなかには、特定の資料を学校図書館から借りることを躊躇したという経験を語る学生も少なくありません。それは、思想、性、病気など多分野に及びます。時には、文学書、哲学書、社会科学関係の資料にまで及びます。学校図書館という「学校教育に不可欠」（学校図書館法第一条）な学習環境で、その利用を抑制することは、学校図書館が「学びと育ち」を支える役割を有しているだけに、とても残念なことです。ですから、利用者のプライバシーを守るという姿勢は、学校図書館にとってはとても大切なことです（注30）。

それだけに、カウンター業務を担う図書委員が、利用者のプライバシーに配慮することは大切なことで、それは人権を守ることにも連動していることを指導する必要があります。図書委員は、そうした指導を通じて、改めてプライバシー権の大切さと同時に、人権を守ることは、自分の足元でも大切なのだということを知ることになるわけです。

五　図書館固有の「技法」の習得

また分類を始め、請求記号、配架など図書館固有の技法を知ることは、図書館奉仕をスムーズにするためには不可欠なことです。このような「技法」は、学校では利用指導、現在は「学び方の学び」という分野で、指導されている（はず）分野ですが、図書委員には更にそれより詳しい知識が必要です。

こうした技法を学ぶことにより、利用者からの質問への対応も容易になります。利用者のなかには、どこにどんな資料が配架されているかを知らない人もたくさんいます。その時、カウンターで当番をしている図書委員に、その資料の書架上の配置を質問することは十分に考えられます。その質問に、迅速かつ適切に対応することは、図書委員（図書館）に対する信頼感を高めることにつながります。先の「カウンターで注意すること」のなかには、「利用者からの質問や問い合わせに、いつでも応じられること」という項目がありますが、図書委員が質問や問い合わせに、「いつでも、何でも」応じることは不可能です。しかし、図書委員が図書館の技法を「それなりに」学んでいるなら、それは利用者の図書館満足度を高めることにつながるのです。そして、担当する図書委員自身の満足度にも直結するのです。ですから図書委員会担当の教師には、こうした「技法」を指導することが求められます。

第五節　図書委員会活動の内容

一　広報活動

図書委員会の活動には、こうした「奉仕的活動」以外に、図書委員がその自主性と主体性を発揮して行う多くの活動があります。その具体的活動内容は、学校（または校種）により一様ではありませんが、次に多くの学校の図書委員会が担っている活動内容（役割）を簡単に説明したいと思います。

第一は、図書館利用を全校的に広める広報者としての役割です。図書館の広報活動は、図書館の存在や日常的業務を全校的に伝える活動で、図書館が外に向かってその活動内容を発信する貴重な機会でもあります。また児童生徒の要求や問題意識を汲み取り、それを全校的に反映させる活動です。いわば、図書館と教室（児童生徒）とを結びつける接点ともなる活動です。その具体的活動内容には、次のようなものがあります。

㈠　「図書館報」（図書館だより）の発行

㈡　新着図書の紹介

㈢　ポスターの作成と掲示

㈣　放送やＣＤなどを活用した図書館案内

これらの活動も、学校図書館担当者が行う任務と重複している面がありますが（注31）、図書委員会活動としては、児童生徒の自主性、主体性を活かすという点に立脚した活動の展開がポイントになります。その際、図書委員としては、次のような点に留意したらよいと思います。

㈠　図書委員の視点から、自校の学校図書館を再認識、再発見し、児童生徒に積極的な図書館利用を促すことを目的とする。

㈡　広報は、継続的・定期的な発信に心がける。一年間に一回、大きな媒体を発信することも大切だが、小さくても回数を多くすることの方が大切である。そのためには、委員会のなかに「広報班」（係）のような担当を設けて、組織的・計画的に進めることが必要である。

㈢　内容にオリジナリティを持たせる。校内の興味・関心、地域の話題、さらには社会的な動向と関連した編集が、広報媒体（図書館報など）を読ませる要因になる。常に、様々なところに「アンテナ」をはっておくことが肝心である。

㈣　広報の対象を図書館の常連的利用者（顕在的利用者）のみに限定することなく、あまり利用しないような利用者（潜在的利用者）をも視野に入れた編集をする。

広報活動は、特に高等学校では新聞・放送などの委員会活動とともに、学校ジャーナリズムの一翼をも担うものです。それだけに、取り扱うテーマに関する調査、聞き取りも必要になってきます。その対象には、「人」（児童生徒、教師、ＰＴＡ会員、さらには地域の人々）が含まれることがあり、学校図書館なので、出版・図書館関係者（著者、書店、出版社、他の図書館など）が対象のこともあります。丁寧なそして綿密な取材、取組みが、「読み（見）応え」のある広報媒体（図書館報など）を創ることにつながります。それだけに、広報活動は図書委員（会）の自主性や個性が発揮されやすい活動でもあるのです。

二　図書館行事

第二は、各種の図書館行事（読書会、資料展示会、講演会など）を企画・運営することを通じて、利用者の関心を図書館に向ける役割です。図書館行事は、図書館の常連的利用者だけではなく、普段あまり図書館を利用しない多くの児童生徒を図書館に引き付けることができる点でも、学校図書館の再発見、活性化を促す大きな活動です。

こうした図書館行事も、学校図書館にとって重要な任務です。学校図書館法には、「学校図書館の運営」事項として、「読書会、研究会、鑑賞会、映写会、資料展示会等を行うこと」が規定されています（第四条三号）。ですから、何よりも、学校図書館担当者が、こうした行事をその任務として行うことが重要です。特に、教科と関連した資料展示（特定の教科の授業進行（教材）と結びついた関連資料の展示）、特別活動の展開と結びついた資料展示（修学旅行コーナーなど）は、図書館資料が生きて活かされる場面です。そして、更に委員会活動としての図書館行事を、図書委員の自主性、主体性を尊重して指導することも大切なことです。その活動には、次のような活動が考えられます。

㈠　読書会
㈡　読み聞かせ
㈢　資料の展示
㈣　図書館講演会の開催
㈤　学校祭（文化祭）などへの参加

㈠　読書会

読書会活動は、近年盛んになっています。既述のように読書は著者との対話ですが、その対話を他者との間にも広げることによって、「こんな捉え方があった」「解釈が違うのはなぜだろう」など、「共に読む」ことにより、自分の思考を深めることができます。また、相互に考えを述べ合うこの行事は、相手の意見を聞き、自分の考えを端的に伝えることにより、コミュニケーションの基礎をも培うこともできます。その読書会に、①図書委員も参加する、②読書会を図書委員会が設定する、③図書委員会が読書会の対象となる図書（テーマ、作家など）選定の仲立ちをする、などの方法を通じて、児童生徒に対して、学校図書館を身近に感じてもらうことができるのです。

読書会をPTA文化部と図書委員会が合同で、年一回開催している高等学校があります(注32)。生徒・保護者・職員が関わる行事で、毎年五十〜七十名の参加があるといいます。図書委員もこの行事に受付や事前準備で関わっています。そして、この読書会では、「世代を越えて話し合うことで、より深い読みができる。「本」というものを介在することで、ふだん家庭ではじっくりと話せないようなテーマも取り扱うことができる。保護者の学校図書館活動への理解促進にも役立っている（略）」など、多岐にわたる「効果」が生まれたといいます。

また近年は、「ビブリオバトル」という新しい取組みも行われています。ビブリオバトルとは、biblio（本の意の接頭語、ラテン語のbiblion（本）に由来する）とbattle（戦い）を合成した新語です。参加者（バトラー）が図書を持ち寄り紹介した後に二〜三の質問を行い、その後参加者が最も読んでみたいと思う本（チャンプ本）を投票で決める書評合戦です。二〇〇七年に京都大学で行われたのが始まりとされていますが、今は大学のみならず校種を問わず行われ、高等学校でもこうした行事が取り組まれています(注33)。それだけに、図書委員会がこうした行事を、自分の学校で主催することも考えられます。

(二)　読み聞かせ

「読み聞かせ」も、とても素晴らしい図書委員会活動の一つです。学校では、読み聞かせは、教師が授業や学級会（ホームルーム）活動のなかで行う場合が多く見られます。以前、私が訪問したある小学校（札幌市）では、年一回、全校一斉に読み聞かせの時間を設定し、先生方が自分の選んだ本の読み聞かせをしています。そして、子どもは好きな教室（会場）に行って、読み聞かせに参加しています。校長先生も読み手の一人だそうです。こうした読み聞かせを、学校図書館が主催して行うことも大事な学校図書館の運営事項です。その際は、当該学校の教師や学校図書館担当者、さらにはＰＴＡや地域のボランティアの方が読み手になって行うことがあります（注34）。

しかし、その読み聞かせを図書委員会が企画・実行して行うことも可能です。委員会で、①対象となる本（絵本、児童書、紙芝居など）を相談しながら決める、②どのように読むかをお互いに話し合い練習もする、③誰が読み手になるかを決める、④そしてそのための案内（広報）をどのようにするかを検討する。こうした読み聞かせの取組みは、その一つ一つに、図書委員（会）の自主性が存分に発揮されます。

またこうした読み聞かせは、小学校の場合、上級学年の図書委員が下級生に対して行うことも考えられます。この際も上級生の図書委員は、どんな本を読もうか、どのように読もうかとあれこれ思案することと思います。そして、読み聞かせをしてもらった下級生のなかには、「その本をもう一度読みたい！」「別の本も読んでみたい！」との思いを持つ子どももいることと思います。図書委員にとっては嬉しいことです。こうした活動が、図書委員の個性の伸長を図るとともに、学校図書館利用を一層活発化させることにつながるのです。

(三) 資料展示

資料展示を図書委員会が担うことは、さらに大きな図書委員会活動です。この活動に際しては、何よりもどんなテーマの展示を行うかの検討が最大の取組みです。教科に関する展示か、特別活動に関する展示か、さらには教育課程を離れて児童生徒の興味・関心に対応した展示なのか、展示の対象は多様です。また時期によってもその対象は大きく異なります。どのようなテーマの展示をするのか、図書委員（会）の自主性や個性が存分に発揮される取組みです。

資料展示をする際は、そのテーマに関する資料が自館にどれだけ所蔵されているかを調べることになります。たとえば、文学（特定の作家・作品など）に関するテーマだからといって「九（文学）」（分類）だけとは限りません。そのテーマに関する地理や歴史、その作家の経歴、他の作品、文学傾向など多岐にわたっています。参考図書を利用することもあります。また環境問題は、様々な教科で取り上げられるテーマですが、それに関する資料展示をするには、歴史、地理、社会科学、産業さらには文学へと広がります。文学作品にも『沈黙の春』（レイチェル・カーソン）を始め、たくさんの作品があります。既述した図書館の「技法」に関する知識が総動員されるケースです。

また、求める資料がタイトル（書名）からだけでは探せないこともあります。関連しそうな資料を一冊一冊、丁寧に見ることも必要になってきます。こうした作業を通して、自館にある資料を再確認することができます。「思いの外資料が揃っている」「こういう分野の資料が不足している」などということを確認することも可能になるのです。それは、後述する図書館資料を選書する際の重要なポイントにもなります。さらに、自館に所蔵されていなければ、近隣の公共図書館などから資料の貸与を受けることになります。図書委員は、資料展示を通じて「図書館ネットワーク」という図書館固有のシステムに触れることにもなるわけです（注35）。

また資料展示は、主として視覚的な方法で展示物を紹介するわけですから、その展示の仕方にも工夫が必要です。何よりも、どの資料を優先的に扱うかが問題になりますが、そのためにはその資料の「評価」が求められます。図書委員同士が個々の資料について、自己の見解を述べ合う絶好のチャンスです。また、その資料をどのように展示するか、その具体的展示方法も重要な検討課題です。そして、利用者の反応（評判）を確かめながら、展示物の再配置や変更が必要になります。利用者の「生」の動向を確認する機会であり、委員会活動の面白さでもあります。

㈣　学校祭（文化祭）などへの参加

学校祭（文化祭）などへの参加も重要な図書館行事です。その際、多くの学校では、図書委員会が中心となって「企画展」を行っています。どんなテーマ（企画）を取り上げるのかが出発です。その際、発想が「本」から離れられずに、文学に特化した企画になり易い側面がありますが、図書館は「知の宇宙」ですから、地域のこと、社会のこと、自然のこと、あらゆる分野がテーマ（企画）の対象です。個々の図書委員は、多様な興味・関心を持っているので、委員同士がそのテーマ（企画）を話し合い、徐々に一つに決定していくことになりますが、その過程自体に委員会活動の意義があるのです。「集団活動を通した心身の発達と個性の伸長」は、特別活動の目標でもあるのです。

テーマが決まれば、その内容についての調査研究が始まります。どの委員がどの部門を担当するのか、またどのような方法で調査研究するかも、委員同士が意見を交わしながら進めることになります。その際、学校図書館の外に出て調査することも、館内の資料を参考に研究することもあると思います。

そして最後は、発表方法の検討です。紙媒体を使うのか映像媒体を使うのか、さらには今日なら電子媒体を使うのか、多様な発表方法が考えられます。委員相互の得意分野も参考にしながら、最も効果的な発表方法を採用することになるでしょう。そして、こうした「企画」が、児童生徒の興味・関心を引き付けるとともに、図書委員の自主性の発揮を通じて、委員個々人の個性の伸長にもつながっていくのです。

三　図書館資料の選定への参画

第三は、図書館資料を選定し、魅力ある蔵書構成を図る役割です。図書館資料は、どの図書館にとっても「命」です。図書館という語が本と深く関わっていることからもそれは明らかです。『図書館――その本質・歴史・思潮――』によりますと(注36)、ラテン語の「ビブリア」(biblia、本を意味する)

に、箱とか入れものとかを意味する「テーカ」（thèca）という語が結びついて「ビブリオテーク」という合成語ができ、それが今日のフランス語のbibliothèqueとなり、ドイツ語のBibliothek、すなわち図書館になったのだそうです。また英語のlibrary（図書館）もラテン語の「本箱」（librarium）から出たのだそうです。それだけに、図書館にとっては、どのような「図書」（資料）を収集するか（選書）は、図書館の「基本の基」になることなのです。

ですから図書館担当者は、この選書には大きなエネルギーを使うことになります。学校によっては、選書に多様な意見を取り入れるよう、あるいは恣意的な選書を避けるように「図書館資料選定委員会」のような組織を設けている場合もありますが、そうした組織はそう多くはありません。図書館担当者（司書教諭、学校司書）のみが、その任を担うという場合もしばしばです。それだけに、できるだけ多くの人の意見（それは、利用者である児童生徒の意見も含め）を選書という営みを通じて、学校図書館資料に反映させたいと思います。

ですから、図書委員が選書に参加する意義は、図書館資料に対する児童生徒の声を積極的に取り入れることにより、図書館資料をより魅力的なものにすることにあります。その際、

(一) 全校的に読みたい本のアンケートを取り、児童生徒の読書希望を事前に知る。
(二) 直接、書店や取次ぎなどに出向き、図書を選定する。

図書館資料の選定（選書）は、最終的には学校側の判断によるものですが、児童生徒の感性と興味・関心には、できるだけ応えたいものです。特に、中学生、高校生になりますと、個性豊か

な人間として、学校の授業以外にも知りたいことがたくさん出てきます。知的な興味、趣味的事項、生活上の必要性、様々な理由から学習以外にも知りたいことがたくさんあるわけです。ですから、学校図書館には日々の授業や学習に直結しない本でも人間的な豊かさを育む多様な本を所蔵しておくことが大切です。学校図書館法も、学校図書館の目的の一つに「児童生徒の健全な教養を育成すること」（第二条）と規定しています。そうした本に触れることによって、人間としての成長はより幅の広いものになっていくのです。そうした本を含めて、学習に役立つ本も、図書委員が自分たちの目で確かめ、利用者の手に届けることも図書委員（会）の大切な活動の一つです。

四　図書委員会の研修活動

図書委員会の活動は、毎日が同じ作業の繰り返しという面が多いのですが、運営方法によっては、他の委員会活動にはないユニークな活動を展開できる側面を有しています。そのためには、委員同士がお互いにアイデアを出し合い、活動内容を豊かにすることが大切です。

その際、図書委員会として、新しい図書委員を対象としたオリエンテーション（研修）をすることも一つの方法です。図書委員の役割や具体的活動内容、さらには学校図書館の重要性などの説明は、特に新しい委員に対しては大切な研修です。図書委員会担当の教師が指導者となって実施することを原則に、上級生が自分の経験を含めて活動内容を説明することは、特に新しい委員にとっては「現実味」をもって聞くことができると思います。

また自校の活動内容の再確認だけではなく、より発展的な活動を求めて、他校の図書委員会との交流を通した研修が必要だと思います。こうした交流（研修）には、特定の学校との交流が考えられます。この際は、当該校の図書館を実際に見学するプランを入れるとよいと思います。どんな資料が所蔵されているか、施設・設備はどうか、カウンター業務（当番業務）はどのように行われているか、その一つひとつが今後の委員会活動の大きな参考になると思います。そのためには、相手校と事前に交流内容を打ち合わせし、相互に成果の上がる交流になるよう心配りしたいものです。

また、図書館は文化施設の一つです。図書館法には、図書館奉仕の事例として「学校、博物館、公民館、研究所等と緊密に連絡し、協力すること」（第三条九号）が例示されています。これらの文化施設は、図書館の「類縁機関」と言われており、これらの施設を見学することは、図書委員会活動の参考になると思います。近隣の公立図書館を見学することはもちろんです。

さらに「研修」をレベルアップさせるには、多くの学校の図書委員が一同に会する研修会への参加が重要です。高等学校には、そうした研修には「高文連」（高等学校文化連盟）が主催するケースがあります。高文連は、高校生の文化活動を広く支援することにより、高校生の健全な育成に資することを目的に活動している組織ですが、全国組織として「全国高文連」（全国高等学校文化連盟）があり、各都道府県には各県を単位とした組織があります。私が住んでいる北海道には、「道高文連」（北海道高等学校文化連盟）があり、加盟学校二九九校、加盟生徒数一三万一五〇四名の規模です（二〇一六年五月一日現在）（注37）。その道高文連には、「専門部」があり、十八部門が加盟しています。「図書」は、弁論、演劇、新聞などと並ぶ専門部の一つです。「図書専門部」（道高文連図書専門部）と称しています。

その道高文連図書専門部が主管する行事の一つに「全道高等学校図書研究大会」という図書委員対象の研修会があります。年一回、二日間日程で、全道各地の都市を順に開催地として実施しており、昨年度（二〇一六年度）で三十八回を数えました。

その研修会のメインは分科会であり、例年約十程度の分科会が設けられています。その内容は、魅力的な学校図書館づくり、図書館報、ディスプレイ、レファレンス・スキルアップ、ビブリオバトル、さらには製本技術、読み聞かせなどの実技講習を含めて多彩です。参加した委員は、いずれかの分科会に参加し研修することになります。こうした講習は、日常的に顧問教師が指導している分野ですが、より専門的な立場（分科会の講師には、専門家を招くことが多い）からのアドバイスを受けることは、図書委員会活動を活性化するのに大きな意義があります。また、この分科会運営の司会などは、開催地の図書委員が担っています。例年この研修会には、全道から顧問教師、図書委員約五百人が参加し、大きな成果を上げています。また、道高文連図書専門部の下には、全道に「支部」が組織されており（十一支部）、その支部が主管して支部独自の研修会が開催されています。各支部の図書委員研究会です。

私は、こうした図書委員の研修会の講師を依頼され、図書委員に対して、図書委員（会）の有り様や委員の心構えなどを話したことがあります。次の文章はある研修会の最後に、図書委員に送った私の「エール」です。

人間は、誰もが「旅人」だとよく言われます。人生そのものが「旅」であると考えた哲学者や文人もいます。しかし、寿命がいくら長くなっても、八十余年の人生でできることには限度があります。自分の目で見、自分の足で歩ける世界には限りがあります。しかし私たちは、書物によって、時間と空間を越えた世界をいつも旅することができます。そうした旅は、意思ある人なら誰でもできる旅です。その意味において、書物は宇宙そのものです。無限の時間と空間が書物のなかには含まれています。図書館は、その無限の空間を覆う「館」ですから、これ以上大きな「館」はありません。みなさんは、その無限の空間を操縦するパイロットであり、そうした世界への道案内人です。

一つの出会いが人生を変えることがあるように、一冊の本が人生を変えることがあります。あなたにとって一冊の本があるように、それぞれの人にとって一冊の本があるものです。そうした一冊の本に人々がめぐり会うとき、その立会人は、図書館でいつも微笑みをもってカウンターの前に立っているあなた自身であるかもしれません。

書物は、紙とインクからできていますが、書物というのはまた「生き物」でもあります。十七世紀の中頃、『失楽園』という大叙事詩を書いたイギリスの詩人ジョン・ミルトンは、言論の自由をテーマに『言論の自由―アレオパヂティカ―』という本を書いています。そのなかで彼は、「書物というものは絶対的に死んだ物ではなく、その生みの親たる魂と同様に、溌剌たる生命力を自己の裡に持っている」(注38)と述べています。

書物というものは生きているのです。それは、読む人の心のなかで生命を燃やしているのです。生みの親の魂が、時間と空間を越えて、溌剌たる生命力をもって次の世代の人に伝えられていく、その時の媒介者、それが図書委員としてのあなたなのです。「今、君は無限の空間への先導者」なのです。

日本では、図書委員に対して何の報酬もなく、単位を与えられることもありませんが、その日々の活動を通して、あなたは「無限の空間への先導者」としての大きな役割を担っているのです。その役割をあなた自身の喜びにして、気張らずに、気負わずに、しかし心を込めて図書委員としての活動を続けていただきたいと思います。

第六節　図書委員会の指導

一　図書委員会の教育的意義

図書委員会活動が特別活動の一環である以上、その活動には教育的意義が内在化しています。次に、その意義について述べようと思います。

第一は、図書委員が学級の代表として組織化された委員会活動に携わることにより、「協力して諸問題を解決しようとする自主的、実践的な態度」（現行学習指導要領、特別活動）が育成されることです。学校には、教員が主体となって事に当たるケースが多々ありますが、同時に子どもは「学校の主人公」として、自らが豊かな学びと育ちの環境を形成していくことも大切なことです。いわば、委員会活動は、児童会（生徒会）活動のなかで「よりよい学校生活づくりに参画」（現行学習指導要領、特別活動）することの一環でもあり、そうした「参画」を通して、集団や社会の一員として必要な意識と資質を培い、「自主的、実践的な態度」を自らの内に培うことができるのです。

その意味において、学校でのこうした活動の経験は、社会生活を営む上の大きな「訓練」でもあります。すでに、一九五一年の学習指導要領（第一次改訂）では、生徒が生徒会活動（特別教育活動）に参加することの意義について、次のように述べていました（中学校）。

生徒会は、生徒を学校活動に参加させ、りっぱな公民となるための経験を生徒に与えるためにつくられるものである。生徒は、生徒会の活動によって、民主主義の原理を理解することができ、奉仕の精神や協同の精神を養い、さらに団体生活に必要な道徳を向上させることができるのである。

子どもは、小さな大人ではありませんが、大人（人間）社会では「協同」して物事に対処することは日常的出来事です。その協同が困難を克服し、社会を共生的空間へと変えていくことにもつながるのです。そのためには、各人が「自主的、実践的」に問題の解決に向かっていかなければなりません。それは、「自ら考え、自ら判断する」ことでもあります。「学校の主人公」は、いずれ「社会の主人公」にもなっていくのです。

昨年（二〇一六年）出された中央教育審議会答申（注39）は、特別活動で「更なる充実が期待されている今後の課題」の一つに、「複雑で変化の激しい社会の中で求められる能力を育成する視点」を上げ、具体的に「社会参画の意識の低さが課題となる中で、自治的能力を育むことがこれまで以上に求められている」と記しています。そして更に、主権者教育と関わり、次のようにも述べています。

主権者教育の視点として、多様な他者と協働しながら、地域の課題を自分事として捉えて主体的にその解決に関わり、社会に積極的に関わっていく力が今後ますます重要になる。学級会・ホームルーム活動における自治的能力を育成する様々な活動、児童会・生徒会における役員選挙や総会、委員会活動や、クラブ活動の計画的な運営など、自治的な活動を実践的に学ぶ場面などについて、社会科や公民科との関連も図りつつ、その一層の充実を図ることが求められる。

図書委員会活動は、児童生徒の自主的、主体的活動を通して、「社会の主人公」（主権者）として必要な基盤を培うことでもあるのです。

第二は、委員会活動が、子どもの人間形成、成長の大切な場になるということです。委員会活動は、図書館を主たる場として日常的作業を通じて行われる活動です。委員相互が、お互いに意見を述べ、アイデアを出し、そして時間と労力を使うことになるわけです。対立、葛藤、和解、前進はすべての集団活動に共通した現象ですが、それは委員会活動でも生ずる現象です。子どもは、そうした場面に遭遇して、「自分の考えや行動」は、必ずしも他者もが共有するものではないことも学んでいきます。そして、そうした学びを通して、多様な見解の存在を知り、自分の世界を少しずつ広げていきます。いわば、多様性を知り、寛容の心を培うことを通して自己形成、人間形成を図ることができる、換言すれば「自己の生き方についての考えを深め、自己を生かす能力を養う」(現行学習指導要領、特別活動)ことができるのです。

第三は、読書習慣の形成や情報獲得能力の育成に大きな役割を果たすということです。教育(学習)はもちろん、社会の多くの営為は、種々のメディアを介して営まれています。図書委員が、委員会活動を通じてそうしたメディア、とりわけその中心である本(図書)というメディアに日常的に接することは、読書習慣の形成に大きく役立つとともに、情報の獲得を中心とする情報活用能力を自らのなかに培うことに大きく貢献することにもなるのです。

第四は、奉仕的精神が養われることです。既述のように、図書委員会活動は、学校図書館の基本的任務と重なる部分があり、そうした任務の一端を図書委員が担うことになります。こうした委員会活動を通じ、図書委員は奉仕することの大切さや奉仕の精神を身につけていくことができるのです。

二　図書委員会の指導—教師の「適切な指導」

本章の最後に、図書委員会の指導について述べたいと思います。現行学習指導要領は、児童会(生徒会)活動の指導に当たって配慮すべき事項として、教師の「適切な指導」を上げています。「適切な指導」とはどんな指導なのでしょうか。

第一は、何よりも児童生徒の自主性、主体性を生かした活動が展開されるようにすることです。そのためには、委員各自の個性や創造性を大切にした指導、さらには委員各自が積極的に委員会活動に参加できるような指導が求められます。

特に児童生徒の自主性、自発性の尊重は大切です。特別活動（特別教育活動）の出発点となった学習指導要領（第一次改訂、一九五一年）では、その点について、次のように述べていました（中学校）。

特別教育活動は、生徒たち自身の手で計画され、組織され、実行され、かつ評価されねばならない。もちろん、教師の指導も大いに必要ではあるが、それはいつも最小限度にとどめるべきである。このような種類の活動によって、生徒はみずから民主的生活の方法を学ぶことができ、公民としての資質を高めることができるのである。

また「自発性」の尊重は、既述した学習指導要領の第二次改訂（一九五八年）でも、「児童の自発的な要求を可能なかぎり受け入れるように」と記されており（小学校）、また高等学校版でも、特別教育活動の指導に当たっては、「生徒の自発的な活動が健全に行われるように」との留意事項が記されていました。

その点は、現行学習指導要領（高等学校解説）も同様です。教師の「適切な指導」について、自主性、自発性と関連して、次のように記しています。

ここでの、「適切な指導」とは、生徒の自発的、自治的な活動を助長する指導であり、生徒会の役割や意義を生徒に十分理解させるよう指導するとともに、生徒を中心に置き、必要な情報や資料を十分に提供し、生徒の自主的な活動を側面から援助することが大切であり、受容的な態度で、根気よく継続して指導を続けることが必要である。

第二は、委員会活動が、組織的に運営されているか、また児童会（生徒会）活動のなかで、その存在性を発揮しているか否かを注意深く見ることです。特に、委員会が各学級選出の委員によって構成される場合は、委員のなかには不本意な生徒もいるため、個々の活動に温度差が生じやすくなります。それだけに、委員会活動が委員各人の意見や個性が十分に発揮されているかに留意することが大切です。また委員会が希望者のみにより構成される場合（図書局）は、委員が必ずしも各学年、各学級からバランスよく出ているとは限りません。そのために、委員会活動が全校的、組織的に展開され難い場合が生じます。全校的活動にするための日常的指導が求められるのです。

第三は、図書委員会活動を学校の教育計画のなかに位置づけることです。特別活動（委員会活動）自体が教育計画の重要な一部を形成していますが、学校図書館は、学校教育において「欠くことのできない基礎的な設備」（学校図書館法第一条）であり、その運営は教育的営為の重要な一部と重なっています。その運営に、図書委員会活動は深く関わっているわけです。図書委員会活動が有するこうした「特性」をも教育計画のなかに組み込むことが大切です(注40)。

第四は、図書委員会活動を図書館担当者の手伝い、あるいは人手不足を補うという捉えをしないことです。すでに本章においても、図書委員会活動には「奉仕的活動」が含まれていることを論じましたが、その活動も特別活動の一環として行われている以上、集団活動を通して個性の伸長、自主的・実践的態度の育成などを目指した活動(現行学習指導要領、特別活動)として位置づける必要があります。そのためにも、教師は委員に図書委員会活動の有する重要な意義を伝え、委員自らが自主的、主体的に委員会活動に参加するようにすることが大切です。

第五は、図書委員同士の相互の交流や研修の場を積極的に設定することです。委員会活動は、しばしばマンネリ化を招きやすく、そのことが活動への意欲を減退させかねません。それだけに、他校の委員会との交流や地域における研修会などへの参加を通じて、情報を交換する機会を積極的に設けることが望ましいと思います。既述したように、特に高校の場合は、高文連(高等学校文化連盟)が主催する研修の場が設けられている場合があります。そうした機会への参加は、こうした研修の一つの方法です。

第六は、図書委員会活動が日常的に行われるための環境を整備することです。委員が活動できる場所を確保すること、活動を担保するための活動費の裏付けなどを保障することが大切です。特に活動場所の確保は、委員同士の意見の交流、委員会活動の場、時には作業の場として必須の要件です。「場」を通して人の交わりも深まるのです。また活動費は、児童会（生徒会）から支出されることになると思いますが、委員の個人負担は、委員同士の親睦などを除いて避けるようにしたいものです。

図書委員会を担当する教師（顧問）の指導の有り様は、図書委員会活動に大きな影響を与えます。何よりも、顧問教師自身が、図書委員会活動の教育的意義を理解し、さらに学校図書館に関する専門的知識を有していることが求められます。自主的、主体的活動を通じて、一人ひとりの児童生徒が自分の個性を発揮し、自己を形成していくという教育に固有の営みが、この図書委員会活動にも内在化しています。顧問教師の適切な指導と助言を期待し、この章を閉じたいと思います。

注

1　新学習指導要領では、特別活動の「目標」に、新要領のキーワードである「主体的・対話的で深い学び」のなかの「深い学び」を進めるための「鍵」ともいうべき「見方・考え方」という新たな指導方法が登場している。

2　小学校は、「第一次改訂」では、「教科以外の活動」と称されていたが、第二次改訂（一九五八年）で、「特別教育活動」に統一された。

3　学習指導要領の一九四七年版、一九五一年版（第一次改訂）、一九五八年版（第二次改訂）は、

次のデータを参照にした。「学習指導要領データベースインデックス」（国立教育政策研究所）（https://www.nier.go.jp/guideline/）[参照2017.2.14]

4 現行学習指導要領は、本文・解説ともに「文部科学省　現行学習指導要領「生きる力」」を参照にした。（http://www.mext.go.jp/a_menu/shotou/new-cs/youryou/1356249.htm）[参照2017.2.14]

5 少々出版年は古いが、次の文献にこの形の図書委員会の例が紹介されている。東海林典子『図書委員会の指導』（シリーズ・活動する学校図書館六）全国学校図書館協議会　一九八三年　二一一〜二一三頁

6 図書局という名称は、全国的には少数で地域に限定されている。ちなみに、私が住んでいる北海道では、高等学校の図書委員会（図書委員）の多くは「図書局」（図書局員）と呼ばれ、その活動は「図書局活動」と呼ばれている。その他、一部の県（学校）でも、この名称を使用している学校をネット上で見受けることがある。

7 この学習指導要領（第一次改訂）では、「中学校の教科と時間配当」のなかで、特別教育活動の領域の一つとしての「クラブ活動」のなかに、「図書館の利用」がある。そのクラブ活動は、「全生徒が参加して、自発的に活動する」活動として位置づけられている。

8 文部省『学校図書館の手引』師範学校教科書　一九四八年　まえがき

9 同書　八三頁

10 同書　八三〜八四頁

11 同書　八四頁

12 同書　八五頁

13　占領下の日本の学校図書館改革について研究した労作に、中村百合子『占領下日本の学校図書館改革―アメリカの学校図書館の受容―』（慶應義塾大学出版会　二〇〇九年）がある。同書によると、『学校図書館の手引』に出てくる「学級図書委員」「学校図書委員会」の考え方は、「『アメリカの図書』には見られないものである」。「アメリカの図書」に散見される事例は、「基本的に、一定時間図書館で働いて単位を得ること、または有志がボランティアで活動することを指して」いると述べている（一五五～一五六頁）。

14　「学校図書館基準」は、全国学校図書館協議会『学校図書館五〇年史』編集委員会編『学校図書館五〇年史』（全国学校図書館協議会　二〇〇四年　五一二～五一四頁）に所収。

15　「学校図書館協議会」は、翌年（一九五〇年）に結成される「全国学校図書館協議会」とは別の組織である。

16　学校図書館法（一九五三年）は、「人」（司書教諭）について、「学校には、学校図書館の専門的職務を掌らせるため、司書教諭を置かなければならない」（第五条一項）と規定し、始めて「人」について法制化をした。

17　「学校図書館基準」（一九四九年）には、本文に記したように、学校図書館を担う「人の構成」があり、そこでは、専任の司書教諭、事務助手などの配置が記されていたが、「基準」は文部大臣に対する「答申」であり、それ自体に法的拘束性はない。

18　前掲『学校図書館の手引』七頁

19　同書　七頁

20　同書　一四頁

21　全国学校図書館協議会編『学校図書館基準―解説と運営―』時事通信社　一九五〇年　五八

頁

22 前掲『学校図書館の手引』八七頁

23 第十六国会参議院「文部委員会会議録第十二号」(一九五三年七月二十四日)「国会会議録検索システム」(http://kokkai.ndl.go.jp/SENTAKU/sangiin/016/0804/01607240804012.pdf) [参照2017.2.3]

24 久米井束「学校図書館の運動と回顧」『学校図書館法による学校図書館の設備と運営』小学館 一九五三年 二九頁

25 渡辺重夫「図書委員会活動はどうあるべきか」『学校図書館』第六一九号 全国学校図書館協議会 二〇〇二年 一五頁

26 同書 一五頁

27 文部科学省の調査（二〇一六年四月一日現在）によると、現在でも司書教諭、学校司書の両職が発令されていない小学校は三三一五校、中学校は一九七四校、高等学校は四二八校である。全校数に占める割合は、小学校は一六・六％、中学校は一九・三％、高等学校は八・七％である。「平成二十八年度「学校図書館の現状に関する調査」結果について（概要）」（二〇一六年十月十三日発表）(http://www.mext.go.jp/a_menu/shotou/dokusho/link/_icsFiles/afieldfile/2016/10/13/1378073_01.pdf) [参照2017.2.14]

28 金沢みどり『図書館サービス概論』[ライブラリー図書館情報学五] 学文社 二〇一四年 一二三～一二四頁

29 作家・村上春樹が在学していた県立神戸高校で、元教諭が廃棄寸前になっていた蔵書を整理していたところ、在校中の村上春樹の貸出記録（帯出者カード）が見つかったことが、カードの写真とともに報じられた。写真には同じカードに残る他の生徒の名前もはっきりと分かる形になっていた（『神戸新聞』二〇一五年十月五日）。この報道を調査した日本図書館協会図書館の自由調査委員会は、「何を読んだか、何に興味があるかは「内面の自由」として尊重されることが民主主義の基本原則（略）、利用者の読書事実は、図書館が職務上知りえた秘密であって、図書館は適切に管理しなければならない。また、個人情報保護法制上からも、（略）本人同意なしの第三者提供は認められない」とし、「神戸高校が旧蔵書を廃棄する際、利用者の読書事実を示す図書カードを適切に処分すべきであったと考える」としている。（日本図書館協会図書館の自由に関する調査委員会「神戸高校旧蔵書貸出記録流出について（調査報告）」（二〇一五年十一月三十日）（http://www.jla.or.jp/portals/0/html/jiyu/toshocard2015.html）[参照2017.2.14]

30　司書教諭資格の取得を目的とした教科書にも、図書委員の貸出業務とプライバシーの関連について論じたものがある。「これまで学校図書館ではカウンターで貸出業務を児童生徒の図書委員にさせることがあったが、これはプライバシー保護の観点から好ましくない」と述べ、どうしても児童生徒をカウンターに立たせる場合は、「貸出記録は個人情報を含むので、他人に漏らしてはならないことをしっかりと認識させておかなければならない」との記述である。全国学校図書館協議会「シリーズ学校図書館学」編集委員会編『学校経営と学校図書館』（シリーズ学校図書館学 一）全国学校図書館協議会　二〇一一年　一一二頁（執筆は須永和之）

31　広報活動は、学校図書館にとっても重要な任務である。特に保護者や教職員に対して学校図書館の現状を「広報」し、意見を求め学校図書館運営に反映させることが必要である。

32　中山淳子「伝統的な図書委員会活動」『学校図書館』第七四一号　全国学校図書館協議会

二〇一二年　三六～三八頁。執筆者は、埼玉県立浦和西高等学校司書。

33 「全国高校ビブリオバトル二〇一六」（活字文化推進会議主催）決勝大会が二〇一七年一月に都内で開催されている。（『朝日新聞』二〇一七年一月二十四日）

34 読書の町で知られる北海道恵庭市には、「男声読み聞かせ隊WithMs（ウィズミズ）」がある。同読み聞かせ隊は、当初は会員の大半が男性だったため「男声読み聞かせ隊」だったが、女性の会員が増えてきたため、名称に「WithMs」を加えた。男性中心という特色を生かした臨場感あふれる読み聞かせ活動は新鮮で、幼児から中学生までの幅広い層の子どもたちに読書への興味を喚起しているという。二〇一二年度文部科学大臣表彰（子どもの読書活動優秀実践団体）を受賞している（『北海道新聞』二〇一二年五月十二日）。学校図書館でも、読み聞かせを男性の保護者（父親など）により行うのも子どもの興味・関心を集めることと思う。

35 「図書館ネットワーク」とは、「複数の図書館が、資料収集、提供、保存、目録作業といった図書館業務において、共通の目的のもとに相互依存関係を持ち結び付いた状態、あるいは結び付いてできた組織」のことをいう（『図書館情報学用語辞典』第四版　丸善　二〇一三年　一八〇頁）。ただ学校図書館においては、ほぼ一方的に資料の借受けになる場合が多い。

36 岡田温『図書館―その本質・歴史・思潮―』増補版　丸善　一九八九年　二頁

37 「北海道高等学校文化連盟」ホームページ（http://www.sapporotoryo.hokkaido-c.ed.jp/KOUBUNREN/KOUBUNREN_Top.html）[参照2017.2.14]

38 ミルトン著、上野精一他訳『言論の自由―アレオパヂティカ―』岩波書店　一九五三年　一〇頁

39 中央教育審議会答申「幼稚園、小学校、中学校、高等学校及び特別支援学校の学習指導要領等

の改善及び必要な方策等について」（二〇一六年十二月二一日）(http://www.mext.go.jp/b_menu/shingi/chukyo/chukyo0/toushin/_icsFiles/afieldfile/2017/01/10/1380902_0.pdf)［参照2017.2.14］

40　新学習指導要領では、特別活動の指導計画の作成に当たり配慮する事項の最初に、「特別活動の各活動及び学校行事を見通して、その中で育む資質・能力の育成に向けて、児童（生徒）の主体的・対話的で深い学びの実現を図るようにすること」という内容が加わった。新学習指導要領のキーワードである「主体的・対話的で深い学び」という学び方の「改善」を、特別活動における資質・能力の育成にも活用すべきとの指摘である。

おわりに

図書館利用の原風景に、学校図書館を思い浮かべる人は多いと思います。絵本を手に取り、物語を読み、図鑑で昆虫を調べた、そうした体験とともに、学校図書館の閲覧机や書架やカウンターや図書館担当者が脳裏を過ぎる人も多々いると思います。

私が、最初に学校図書館を利用したのは中学校時代であったように思います。今思えば、小さな図書室でしたが、少年の私には「たくさんの本」が並んでおり、その図書館から伝記を借りて読んだことを思い出す。様々な困難を克服する偉人の姿に、その頃の私は何らかの感動を覚えたのだと思う。『真実一路』（山本有三）は、文学作品に接した最初で、この本も学校図書館から借りた一冊でした。そして私は、その学校図書館の図書委員をしており、本書の第四章で論じた図書委員は、私の少年時代の姿そのものでもあります。

それ以来、学校図書館のみならず、大学図書館、公立図書館を頻繁に利用してきました。小説もたくさん借りたが、仕事の必要に迫られ、多くの「本」（資料）も借りた。拙書の執筆に際しても、自宅近くの北海道立図書館の蔵書を数多く利用しました。同館には「図書館学資料室」があり、その資料と職員の適切なサービスにより、本書の執筆が進んだように思います。同館には心から感謝を申し上げたい。

私が、拙い図書館学研究を始めたのは、「図書館の自由に関する宣言」（日本図書館協会、一九七九年改訂）に触れたことが一つの契機です。大学時代に少々憲法を学んだ私は、この宣言に共感し、この宣言をもっと知りたいと思い、「図書館と知る権利」との関係を研究することとなりました。そしてその後、当時勤務していた高等学校で、校務分掌の一つとしての図書館業務を五年間担当する機会を得ました。その校務（業務）を通じて、学校図書館は、とてつもなく大きな世界を包摂していることに気づき、学校図書館のことを本格的に学ぼうとの思いを抱くようになりました。

学校図書館は、図書館という大きな「くくり」のなかにあるけれど、学校教育を基盤にしているゆえ、学校教育を抜いて学校図書館を論ずるわけにはいきません。そのため、私の学校図書館学研究は、図書館と教育との両面からのアプローチを求められました。このことは、改めて「学校教育とは何か」を考える大きな契機になり、「学校教育に欠くことのできない」との学校図書館法第一条の法意を理解することが、学校図書館研究にも、また学校教育を考察するにも極めて重要な課題であることを認識するに至りました。

そのことは同時に、子どもの学びと育ちに、学校図書館はどのように関わっているのかという課題でもあります。本書でも論じましたが、戦後教育は「自ら考え、自ら判断できる」子どもを育てたいとの思いを込めて出発しました（文部省『新教育指針』、一九四六年）。今年で、あの戦争が終わって七十二年を経ましたが、その戦争を通して学んだことの一つは、事実を自分の目で確かめ、事の是非を自分で判断することが極めて重要だということです。

時代はいつも不透明、不確実ですが、そうした時代を乗り切るには、事実が何たるかを知り、自己と社会の有り様を、きちんと見つめることが大切だと思います。そして、教育においても、そうした「力」を有した子どもを育てることが大切だと思います。すなわち、「自ら考え、自ら判断できる」子どもを育てることの重要性です。そしてこうした子どもは、自分の将来のみならず、この国の未来を切り拓いていくことができるのです。

本書の書名を『学校図書館の可能性―自ら考え、判断できる子どもを育てる』としたのには、そうした意味が込められています。そして学校図書館は「自ら学び、自ら判断」できる子どもを育てる大きな「可能性」を内包していると思います。それは、「本」の力が、子どもを未来へとつなぐ役割を果たしていることと深く結びついています。その「本」を読んで、子どもは自立した個体として成長・発達を遂げていくことができるのです。そしてそうした子どもの成長を、学校図書館は資料と「人」の力によって支えるのです。

政治学の泰斗・丸山真男は、有名な「「である」ことと「する」こと」という論文（『日本の思想』、岩波書店、一九六一年に所収）のなかで、自由は、「置き物のようにそこにあるのでなく、現実の行使によってだけ守られる、いいかえれば日々自由になろうとすることによって、はじめて自由でありうるということなのです」と述べ、つづいて、近代社会の自由とか権利は、「毎日の生活さえ何とか安全に過せたら、物事の判断などはひとにあずけてもいいと思っている人、あるいはアームチェアから立ち上るよりもそれに深々とよりかかっていたい気性の持主などにとっては、はなはだもって荷厄介なしろ物だといえましょう」と述べています（傍点は原文）。

　自由は、自分がそれを行使しなければ守れない、アームチェアに深々と腰をかけて、それをよしとすることによっては守れないと言っています。この考えは、わが国憲法の基本的考えでもあるように思います。憲法第九十七条は、「この憲法が日本国民に保障する基本的人権は、人類の多年にわたる自由獲得の努力の成果であつて、これらの権利は、過去幾多の試錬に堪へ、現在及び将来の国民に対し、侵すことのできない永久の権利として信託されたものである」と、人権の基本的性格を規定しています。しかし、同時に第十二条で、「この憲法が国民に保障する自由及び権利は、国民の不断の努力によつて、これを保持しなければならない」とも規定しています。人権は、「国民の不断の努力」によってこそ、確保されるのだと規定しているのです。この考えを、私の問題意識に照らし、我田引水的に使わせていただくなら、「自ら考え、自ら判断」し、そして自らの行為（「する」こと）によってのみ、自由や権利を守ることができるとの指摘だと思います。

　こうした考えは、また教育基本法の精神でもあると思います。同法は、教育の目的を規定した第一条で、「教育は、人格の完成を目指し、平和で民主的な国家及び社会の形成者として必要な資質を備えた心身ともに健康な国民の育成を期して行われなければならない」と規定しています。しかし、その「平和で民主的な国家及び社会」は、「自ら考え、自ら判断できる」、いわば自立した人間によってこそ担われるのだと思います。それだけに、そうした子どもの育成は、学校教育に課せられた大きな課題でもあります。

そのためには、多様な情報の存在が必要です。そしてそれらの情報を読み解く力が必要です。それゆえ、学校図書館は、学校教育において「欠くことのできない」（不可欠性）存在なのです（学校図書館法第一条）。教育の「力」によって、子どもが自立した存在となるべくその成長・発達を支えていく、そのときの大きな教育環境が学校図書館だと思います。学校図書館には、そうした「可能性」が内包されているのです。こうした思いを、拙書を通じて伝えることができたらと思います。

改めて、拙書を刊行してくださった全国学校図書館協議会に、心よりお礼申し上げます。

本書では、引用した一部の文書、法令について、旧字体を新字体に変更しました。また、原文を掲載するため、ほとんどの旧かなづかいは、そのままにしました。

《著者略歴》

渡邊　重夫（わたなべ・しげお）

北海道学芸大学（現北海道教育大学）札幌校卒業
藤女子大学教授を経て、現在は北海道教育大学学校・地域教育研究センター共同研究員、北海学園大学などで非常勤講師。日本図書館情報学会会員、日本図書館研究会会員。
日本図書館学会賞受賞（一九九〇年）

著書（いずれも単著）
『図書館の自由と知る権利』（青弓社、一九八九年）
『子どもの権利と学校図書館』（青弓社、一九九三年）
『図書館の自由を考える』（青弓社、一九九六年）
『司書教諭という仕事』（青弓社、一九九九年）
『学校図書館概論』（図書館情報学の基礎14）（勉誠出版、二〇〇二年）
『司書教諭のための学校経営と学校図書館』（学文社、二〇〇三年）
『学習指導と学校図書館』第3版（メディア専門職養成シリーズ3）（学文社、二〇一三年）
『学校図書館の力―司書教諭のための11章―』（勉誠出版、二〇一三年）
『学校図書館の対話力―子ども・本・自由』（青弓社、二〇一四年）
『学校経営と学校図書館』（学校図書館学1）（青弓社、二〇一五年）
『学びと育ちを支える学校図書館』（勉誠出版、二〇一六年）

SLA
School Library Association

学校図書館の可能性
自ら考え、判断できる子どもを育てる

二〇一七年九月一日　第一刷発行

著　者　渡邊重夫

ブックデザイン　稲垣結子（ヒロ工房）

発行者　設楽敬一

発行所　公益社団法人全国学校図書館協議会
東京都文京区春日二-二-七
（郵便番号一一二-〇〇〇三）
電　話　〇三-三八一四-四三一七
ＦＡＸ　〇三-三八一四-一七九〇
http://www.j-sla.or.jp/　E-mail:info@j-sla.or.jp/
印刷・製本所　株式会社厚徳社

ISBN978-4-7933-0097-4